JA PÉREZ
CIUDAD, JARDÍN
TU LUGAR EN EL UNIVERSO

CIUDAD JARDÍN
Tu lugar en el universo

Todos los derechos reservados en toda imagen y letra.
Copyright © 2024 por JA Pérez.

Nota de derechos

Todos los derechos reservados. Ninguna parte de este libro puede ser reproducida o transmitida en forma alguna ya sea por medios electrónicos, mecánicos, fotocopiados, grabados o en ninguna otra forma sin el expreso consentimiento escrito de la publicadora.

Nota sobre riesgos

La información contenida en este libro es distribuida "como está" y sin garantías. Ni el autor ni *Tisbita Publishing House* se hacen responsables en cuanto a daños causados por interpretaciones individuales privadas del contenido aquí expuesto.

Marcas registradas

Ciudad Jardín: Tu lugar en el universo es un título propiedad de JA Pérez, publicado y distribuido por *Tisbita Publishing House*. Todas las otras marcas mencionadas son propiedad de sus respectivos dueños.

Uso de traducciones bíblicas

Citas bíblicas marcadas con las letras **RVR1960** provienen de la Reina Valera Revisada de 1960. Reina-Valera 1960 ® © Sociedades Bíblicas en América Latina, 1960. Renovado © Sociedades Bíblicas Unidas, 1988. Utilizado con permiso.
Las letras **NTV** indican La Santa Biblia, Nueva Traducción Viviente, © Tyndale House Foundation, 2010. Todos los derechos reservados. **RVC** indican la Reina Valera Contemporánea. Copyright © 2009, 2011 por Sociedades Bíblicas Unidas.
RVA-2015 indican la Versión Reina Valera Actualizada, Copyright © 2015 por Editorial Mundo Hispano.
NVI indican la Santa Biblia, NUEVA VERSIÓN INTERNACIONAL® NVI® © 1999, 2015 por Biblica, Inc.® Usado con permiso de Biblica, Inc.® Reservados todos los derechos en todo el mundo.
TLA indican la Traducción en lenguaje actual. Copyright © 2000 por United Bible Societies.
ESV indican English Standard Version The Holy Bible, English Standard Version. ESV® Text Edition: 2016. Copyright © 2001 by Crossway Bibles, a publishing ministry of Good News Publishers.

Tisbita Publishing House

Puede encontrarnos en la red en: www.tisbita.com
Reportar errores de imprenta a errata@tisbita.com
Contactar al autor en: https://www.japerez.com

ISBN: 978-1947193611

Printed in the U.S.A.

CIUDAD JARDÍN
TU LUGAR EN EL UNIVERSO

Porque los que esto dicen, claramente dan a entender que buscan una patria; pues si hubiesen estado pensando en aquella de donde salieron, ciertamente tenían tiempo de volver. Pero anhelaban una mejor, esto es, celestial; por lo cual Dios no se avergüenza de llamarse Dios de ellos; porque les ha preparado una ciudad. Hebreos 11:14—16 RVR1960

DEDICATORIA

Hoy murió nuestro gato. Y es muy difícil procesar el dolor, para mi esposa, mis hijos y para mi.

Los que de ustedes han leído mis libros, por años recordarán que siempre lo mencionaba en la nota de agradecimientos.

Entre la lista de aquellos que agradecía por ser parte del proyecto siempre solía decir: A Link, nuestro hermoso gato que fielmente me acompaña mientras escribo.

Así fue. Año tras año, libro tras libro, *Link* siempre estuvo a mi lado. A veces durmiendo en mi escritorio, a veces mirando a la pantalla de mi ordenador, como si entendiera lo que yo escribía.

Lo voy a extrañar muchísimo.

Pero tengo la esperanza de que lo volveré a ver en la nueva tierra —de la que hablo bastante en este libro.

Este es el último libro en que estuvimos juntos y que ahora es dedicado totalmente a él.

Enero 15, 2024

CONTENIDO

Crédito sobre el título y el tema   9

Síntesis   11

1 El primer jardín   13

2 El propósito del trabajo en el Edén   17

3 ¿A qué te dedicas?   21

4 Y tenga dominio   23

5 Oro, piedras, maderas y metales preciosos   27

6 Civilizaciones   31

7 Vocación   37

8 Tu trabajo glorifica a Dios   41

9 Cultivar viene de cultura   43

10 ¿Qué es el cielo?   47

11 ¿Cómo será nuestro estado en el cielo?   55

12 Nuestra ciudad jardín en los cielos nuevos y tierra nueva   59

13 Ciudad Jardín: Características   67

14 Tu lugar en el universo   87

———

Notas   91

Recursos | Teología   95

Cursos de teología   99

Otros libros   101

Sobre el autor   112

CRÉDITO SOBRE EL TÍTULO Y EL TEMA

La primera vez que escuché estas dos palabras juntas «ciudad jardín», fue en un video[1] de Tim Mackie y Jon Collins (del ministerio BibleProject) titulado: *El significado de ciudad en la Biblia* (The Significance of the City in the Bible).

Aunque el tema tenía que ver con ciudades en general a través de la Biblia, la frase «ciudad jardín» me impresionó mucho y se quedó grabada en mi mente, especialmente en la referencia que ellos hacen en el video en cuanto a la *Nueva Jerusalén* donde el jardín del Edén está presente.

De ahí comencé a profundizar sobre el tema y a estudiar los paralelismos entre el primer Edén y el jardín dentro de la futura ciudad.

Ha sido una jornada emocionante y agradezco a Tim Mackie y Jon Collins por haber despertado en mí la inquietud de indagar más.

SÍNTESIS

Nos dijeron que en el cielo estaremos flotando en un estado semi-transparente con vestiduras blancas cantando todo el tiempo.

Estas creencias están muy lejos de lo que la Biblia verdaderamente enseña.

Dr. JA Pérez nos entrega en esta obra una visión clara sobre el futuro eterno.

¿Cuál era el plan de Dios a largo plazo cuando creó el Edén?

¿Se destruyó totalmente ese plan con la caída del hombre, o el plan original todavía está en pie?

¿Cuál es la relación entre la labor del ser humano en el primer Edén y su labor en los cielos nuevos y tierra nueva?

El autor nos entrega con mucha precisión una vista clara en cuanto a cómo será nuestro estado intermedio —a dónde vamos cuando morimos, cómo seremos, dónde exactamente estaremos.

También nos detalla cómo será la vida eterna en la nueva tierra, después de la resurrección y los detalles sobre el jardín restaurado dentro de la *Nueva Jerusalén*.

¿Trabajaremos? ¿Comeremos? ¿Reconoceremos a nuestros seres queridos? ¿Estarán con nosotros nuestras mascotas?

Todas estas preguntas y más son respondidas con detalles y sólido apoyo bíblico en este tomo.

Es nuestra oración que estas páginas ayuden a renovar su esperanza y pasión en cuanto a los eventos por venir. La Segunda Venida de Cristo, Resurrección, Juicio y Cielos Nuevos y Tierra Nueva. Porque el momento se acerca, cuando veremos el cumplimiento de la realidad del texto que dice: *«Enjugará Dios toda lágrima de los ojos de ellos; y ya no habrá muerte, ni habrá más llanto, ni clamor, ni dolor; porque las primeras cosas pasaron. Y el que estaba sentado en el trono dijo: He aquí, yo hago nuevas todas las cosas» (Apocalipsis 21:4,5).*

Los Editores
Enero 27, 2024

1

EL PRIMER JARDÍN

En el principio creó Dios los cielos y la tierra.

Luego hizo al hombre del polvo de la tierra.

Luego hizo en la tierra un jardín.

Después metió al hombre en el jardín.

Y le dió órdenes de cuidar el jardín… a esto llamamos trabajo, y es bueno.

En mi tierra, en la Cuba de los años sesenta, se escuchaba una canción en la radio que se titulaba El negrito del Batey. Esta era de un cantautor Dominicano llamado Alberto Beltrán[2].

La canción comenzaba haciendo referencia al trabajo como algo malo —un castigo.

Esta es la primera estrofa.

> *A mí me llaman el negrito del batey*
>
> *Porque el trabajo para mí es un enemigo*
>
> *El trabajar yo se lo dejo todo al buey*
>
> *Porque el trabajo lo hizo Dios como castigo*[3]

No se puede culpar a Alberto Beltrán por la mala teología de la canción, puesto que este ha sido y es un concepto popular en nuestros pueblos que proviene de una mala interpretación de los textos.

Se ha dicho por mucho tiempo que el trabajo es un castigo.

Que fue por causa de la desobediencia del hombre que Dios lo castigó a trabajar durante su vida en esta tierra.

Sin embargo, esta creencia no pudiera estar más lejos de la verdad.

Sí, es cierto que la desobediencia añadió un tono desagradable al trabajo. Por causa de la desobediencia, Dios dijo al hombre: «Con el sudor de tu rostro comerás el pan hasta que vuelvas a la tierra…» (Génesis 3:19). Esta es parte de la maldición que vino por causa de la caída.

Pero, el trabajo no fue creado como un castigo, y aparte de eso, en un nuevo pacto en que vivimos —el cuál está fundado sobre mejores promesas (Hebreos 8:6)— Cristo nos ha librado de toda maldición.

Y sí, es cierto que por causa de la condición humana, mucho de lo que tiene que ver con trabajo y relaciones alrededor de este, puede ser algo complejo. Sin embargo, el trabajo fue creado como una bendición.

Una bendición en la que el hombre podría desarrollar sus habilidades e inteligencia para tomar los recursos del huerto y edificar con ello.

Así es.

Dios no puso a Adán y a Eva en el huerto para que anduvieran comiendo frutas y sin hacer nada el resto de sus días. No.

Dios le dió al ser humano la capacidad de arquitectura y puso en la tierra los recursos necesarios para construir.

Vamos por pasos.

Nota: Cuando digo «hombre» en algunas ocasiones durante el libro, no me refiero sólo a Adán. Estoy hablando del género humano (hombre y mujer).

El texto que en la Reina Valera 1960 dice «Hagamos al hombre a nuestra imagen»; en la Nueva Traducción Viviente se traduce: «Hagamos a los seres humanos a nuestra imagen» (Génesis 1:26).

En otras ocasiones me referiré específicamente a la persona de Adán, lo cual será obvio por el contexto.

2

EL PROPÓSITO DEL TRABAJO EN EL EDÉN

Entonces el SEÑOR Dios formó al hombre del polvo de la tierra. Sopló en su nariz aliento de vida, y el hombre llegó a ser un ser viviente. Y plantó el SEÑOR Dios un jardín en Edén, en el oriente, y puso allí al hombre que había formado. Tomó, pues, el SEÑOR Dios al hombre y lo puso en el jardín de Edén, para que lo cultivara y lo guardara. Génesis 2:7,8,15 RVA-2015

Cuando Dios puso al hombre en el Edén, lo hizo con un propósito.

Adán tenía una doble responsabilidad. Cultivar y guardar.

Adán era el jardinero y el mayordomo del Edén. Eso es trabajo, y en ese trabajo había deleite.

Es decir, que antes de la caída, ya el hombre tenía la responsabilidad de trabajar.

¿Por qué?

Porque la identidad del hombre viene de su trabajo.

Esto es contrario a la psicología moderna —la que ha penetrado aún a las iglesias.

He escuchado a predicadores decir: «Tu no eres lo que haces».

Entiendo lo que están tratando de decir y el problema que están enfrentando y por ende tratando de arreglar.

Ellos dicen: «Tu identidad está en quién eres en Cristo, no en lo que haces».

Hay parte de verdad en esto. Nuestra seguridad está en Cristo y reposamos en el perfecto sacrificio que Cristo hizo en la cruz, que nos dice que estamos completos en Él (Colosenses 2:10). Eso está todo bien y es correcto, sin embargo, Dios puso en nosotros un mecanismo interno que está conectado a lo que hacemos. Si es cierto que nuestra seguridad proviene de Cristo y no del trabajo, también es cierto que es por medio del trabajo que expresamos nuestra más interna creatividad, que nos realizamos como personas, que nos desarrollamos y encontramos propósito.

VOLVIENDO A LA PSICOLOGÍA

Si existe alguna necesidad en enfatizar que nuestra seguridad está en Cristo y no en el trabajo, es por cuestión de prioridades.

El ser humano caído, separado de Dios, usa el trabajo como la manera de obtener éxito y reconocimiento. El medio para obtener recursos y acumular bienes temporales.

Conseguir «logros» por medio de esfuerzo se ha convertido en un dios.

Esto es una perversión del diseño original de Dios para lo que es trabajo.

Por causa de haber pervertido el propósito original del trabajo es que tenemos el desbalance por medio del cual llega el agotamiento, el desgaste, el cansancio.

El trabajo fuera de los parámetros que Dios creó, se puede convertir en una adicción. En inglés usamos la palabra "workcoholic", que significa ser adicto al trabajo.

Hay personas que por causa del trabajo han perdido su matrimonio. Hay padres que se quejan de que no vieron crecer a sus hijos porque estaban muy ocupados trabajando.

El afán de mantener un nivel de vida y un número de posesiones materiales a veces empuja a una persona a trabajar obsesivamente al punto de que el trabajo en lugar de añadir bendición y contentamiento, se convierte en un mal.

Y para la persona que no tiene paz interior y contentamiento en el Señor, el trabajo llega a ser un escape.

Hay personas que no pueden estar quietos. Siempre tienen que estar haciendo algo, y esto no es porque sean super laboriosos, sino porque no tienen paz interior.

Ese no es el plan de Dios para el trabajo.

Dios después de haber completado la creación, descansó de sus labores.

Él ha creado un ritmo de descanso y trabajo que nos mantiene saludables mental y físicamente. Más sobre esto después.

Entonces, dado el problema que causa el desbalance espiritual que hay en cuanto al trabajo, es entendible que muchos predicadores enfaticen que la identidad del ser humano no esté en lo que hace, sino en quién es en Cristo.

Sin embargo. Tratando de resolver un problema, podemos correr el peligro de perder el verdadero propósito por el cual Dios creó el trabajo.

Dije que «la identidad del hombre viene de su trabajo».

Nuestra seguridad viene de Cristo, pero nos identificamos y mostramos delante de la sociedad por lo que hacemos.

3

¿A QUÉ TE DEDICAS?

Me es difícil decirle la cantidad de veces que he tenido que responder a esa pregunta. Muchas veces, estando en un aeropuerto o ya sentado dentro del avión. En el momento en que cruzo dos palabras con alguien. Sea ¡qué bonito está el día!, o ¡qué bueno que ya va a despegar el avión!, o en el momento en que me presentan a alguien. ¡Hola, mucho gusto! ¡El gusto es mío!... casi siempre es inevitable que no salga la pregunta: ¿Y, a qué te dedicas?

¿Le ha sucedido?

¿Por qué es esta una de las preguntas más elementales y que más recibimos cuando conocemos a una nueva persona o hacemos una nueva amistad?

Porque lo que hacemos es importante y nos identifica como seres humanos.

ANTONIO EL ZAPATERO

El lugar en que crecí era un pueblo pequeño. Cuando era yo un niño, recuerdo que mi hermoso pueblito no pasaba de 1,500 habitantes.

Recuerdo que todas las personas se conocían por el primer nombre y por el oficio.

Ahí estaban Andrés el carnicero, Mingo el bodeguero, Hormiga el carpintero, Julio el barbero, y bueno, un día mi tío y yo ya después de haber estado décadas en los Estados Unidos comenzamos a recordar e hicimos una lista y eran varias docenas de nombres.

¡Que no se nos olvide "Antonio el zapatero"! Porque si alguien necesitaba zapatos nuevos en el pueblo, era Antonio quien tomaba las medidas y hacía esas botas de piel. ¡Qué calidad! ¡Qué dedicación!

Era una economía local.

Es posible que en esta época de globalización ya eso se perdió, pero el recuerdo está ahí.

¿Por qué se conocía a todos por su oficio?

Porque es lo que hace una persona lo que le caracteriza.

¿Y, qué sucede con los que no tenían oficio?

No me recuerdo de ellos. ¿Se recuerda usted?

Mi abuela decía que de los ociosos y los cobardes, jamás se ha escrito algo.

Esa es la importancia del trabajo.

Dios creó al hombre, le dió la comisión de hacer algo con la creación donde le ha puesto.

4

Y TENGA DOMINIO

Entonces dijo Dios: "Hagamos al hombre a nuestra imagen, conforme a nuestra semejanza, y tenga dominio sobre los peces del mar, las aves del cielo, el ganado, y en toda la tierra, y sobre todo animal que se desplaza sobre la tierra". Creó, pues, Dios al hombre a su imagen; a imagen de Dios lo creó; hombre y mujer los creó. Dios los bendijo y les dijo: "Sean fecundos y multiplíquense. Llenen la tierra; sojúzguenla y tengan dominio sobre los peces del mar, las aves del cielo y todos los animales que se desplazan sobre la tierra". Dios dijo además: "He aquí que les he dado toda planta que da semilla que está sobre la superficie de toda la tierra, y todo árbol cuyo fruto lleva semilla; ellos les servirán de alimento. Y a todo animal de la tierra, a toda ave del cielo, y a todo animal que se desplaza sobre la tierra, en que hay vida, toda planta les servirá de alimento". Y fue así. Dios vio todo lo que había hecho, y he aquí que era muy bueno. Y fue la tarde y fue la mañana del sexto día. Génesis 1:26—31 RVA-2015

Dios creó al ser humano para que tuviera dominio sobre la creación.

La frase «y tenga dominio» se traduce de varias maneras a nuestro idioma castellano.

La NTV dice: «reinarán sobre» (v.26), y luego dice «Llenen la tierra y gobiernen sobre ella» (v.28).

La RVR1960 dice: «y señoree» (v.26), y luego dice «llenad la tierra, y sojuzgadla, y señoread» (v.28).

Es decir, Dios le dio al hombre poder y autoridad sobre la creación. Le dió el poder para gobernar, sojuzgar y señorear sobre todo lo creado.

Sin embargo, con autoridad también viene responsabilidad.

> *Tomó, pues, el SEÑOR Dios al hombre y lo puso en el jardín de Edén, para que lo cultivara y lo guardara. Génesis 2:15 RVA-2015*

CULTIVAR Y GUARDAR

Es el trabajo de un jardinero y mayordomo.

> *Cultivar:* (definición) Hacer en la tierra las labores agrícolas necesarias para plantar en ella plantas y semillas o para cuidar lo plantado y obtener frutos de ello[4].

Dios creó el jardín para el hombre y el hombre para el jardín.

Es por eso que el jardín está ligado a nuestra existencia. Todo lo que somos, de la manera en que somos; todo lo que hacemos, y de la manera en que lo hacemos puede trazar sus raíces hasta el jardín del Edén.

Todas las comunidades desde entonces —hayan sido feudales o industriales— pueden trazar sus comportamientos al diseño original.

La manera en que el ser humano trabaja y la manera en que encuentra contentamiento, inclusive en el orden de valores, las cosas que son más importantes para el ser humano, cómo operamos como padres, esposos, guardadores, todo, se puede conectar con el Edén.

Es así, de tal manera, que en la restauración de todas las cosas, regresaremos al Edén.

No al Edén del medio oriente. Sino al Edén eterno, el que está dentro de la Santa Ciudad. Nuestra eterna ciudad jardín.

> *Después me mostró un río limpio de agua de vida, resplandeciente como cristal, que salía del trono de Dios y del Cordero. En medio de la calle de la ciudad, y a uno y otro lado del río, estaba el árbol de la vida… Apocalipsis 22:1,2 RVR1960*

De nuestra ciudad jardín del futuro hablaré más en los capítulos que siguen. Pero antes de llegar allá, es necesario que entendamos el completo plan de Dios al poner al hombre en el Edén ahí en el Génesis. ¿Qué comprendía ese diseño?

Si —como dije antes— Dios no puso a Adán y Eva en el jardín para que se la pasaran comiendo frutas y disfrutando de unas eternas vacaciones como algunos lo han proyectado; entonces ¿cuál era el plan completo de Dios?

¿Sería el ser humano un campesino para siempre, o su tarea y mandato era mucho más? ¿Sería aparte de jardinero, arquitecto?

¿Era el plan de Dios que el hombre construyera ciudades y civilizaciones?

¿Y qué del futuro?

¿Qué haremos en la nueva tierra? ¿Construiremos? ¿Trabajaremos?

Todas estas preguntas las voy a responder bíblicamente según vamos avanzando, pero primero, veamos los planes para el primer Edén, qué fue lo que interrumpió la caída del hombre, y luego veremos cómo será todo restaurado.

5

ORO, PIEDRAS, MADERAS Y METALES PRECIOSOS

> *Y salía de Edén un río para regar el huerto, y de allí se repartía en cuatro brazos. El nombre del uno era Pisón; este es el que rodea toda la tierra de Havila, donde hay oro; y el oro de aquella tierra es bueno; hay allí también bedelio y ónice. Génesis 2:10—12 RVR1960*

La materia prima para grandes proyectos ya estaba en el Edén.

MADERA

Dios puso en el Edén árboles frutales (Génesis 1:29).

Es claro que los árboles producirían alimento. Dice este texto: «árbol en que hay fruto y que da semilla; os serán para comer».

No vemos inicialmente o explícitamente el mandato de usar la madera para construir, sin embargo, Dios puso en las manos del ser humano ese recurso.

Conociendo la naturaleza de Dios, diseñador, podemos ver en textos posteriores la mente de Dios en cuanto a la madera.

A Noé dijo: «Hazte un arca de madera de gofer» (Génesis 6:14); en la construcción del tabernáculo, a Moisés dijo: «Harán también un arca de

madera de acacia» (Éxodo 25:10) refiriéndose al
arca del pacto. También le dijo: «Harás las varas de madera de acacia»
(Éxodo 25:28). Y vemos el uso de la madera en otras cosas,
como en las tablas para el tabernáculo, las cuatro columnas, barras, el
altar, etc… (Éxodo 26:15,26,32,37;27:1,6;30:1,5).

Madera, ya estaba en el Edén, y al hombre, Dios dió la inteligencia y libertad para tener dominio sobre todo lo creado.

ORO

El oro es uno de los metales más ricos que existen desde la creación, y en el Edén había oro en abundancia.

Dice el texto «y el oro de aquella tierra es bueno».

Cuando el pueblo de Dios va a salir de Egipto, Dios les da instrucciones de tomar oro, plata y cobre (Éxodo 25:3).

Luego vemos el uso de estos metales en la construcción del tabernáculo.

Vemos el uso del oro en el arca del pacto, el propiciatorio, los querubines, las varas, platos, cucharas, cubiertas, tazones, utensilios en general y más (Éxodo 25:11—29).

En otras palabras, vemos a Dios, el gran diseñador del universo, dando indicaciones de cómo usar el oro.

PLATA

También vemos el uso de la plata en la construcción del tabernáculo (Éxodo 26:19,21,25,32).

Históricamente, la plata se conoce desde la antigüedad. Los depósitos de escombros en Asia Menor e islas del Mar Egeo indican que el hombre ya había aprendido a separarla del plomo hacia el año 3,000 a.C.[5]

BRONCE

Y vemos el uso del bronce. (Éxodo 26:11,37). De hecho, un altar completo de bronce (Éxodo 27:1—6) y también vemos el uso del bronce en columnas, cortinas, etc… (Éxodo 27:11—30:18).

Es más, Dios dice explícitamente a Moisés que Él llenó con su Espíritu a Bezaleel hijo de Uri para trabajar con oro, plata, bronce y piedras.

> *Habló Jehová a Moisés, diciendo: Mira, yo he llamado por nombre a Bezaleel hijo de Uri, hijo de Hur, de la tribu de Judá; y lo he llenado del Espíritu de Dios, en sabiduría y en inteligencia, en ciencia y en todo arte, para inventar diseños, para trabajar en oro, en plata y en bronce, y en artificio de piedras para engastarlas, y en artificio de madera; para trabajar en toda clase de labor. Éxodo 31:1—5 RVR1960*

Es interesante que al salir de Egipto (como mencioné antes) Dios les dio al pueblo instrucciones de tomar oro, plata y cobre de manos de los Egipcios. Pero luego vemos la mención repetida de bronce, en lugar de cobre.

El bronce viene de una aleación de cobre y estaño, y a veces se le añade zinc[6]. Fue la primera aleación de importancia obtenida por el hombre,[7] definiendo el período prehistórico conocido como Edad de Bronce[8].

Job nos dice exactamente cómo se obtiene el cobre, inclusive el hierro.

> *El hierro se saca del polvo, Y de la piedra se funde el cobre. Job 28:2 RVR1960*

Y todos estos metales ya estaban presentes en la tierra cuando Dios pone al hombre en la escena. Dios pone en las manos del hombre la materia prima y la inteligencia —todo el potencial necesario para construir ciudades.

Y ciudades, el hombre construyó.

6

CIVILIZACIONES

Y conoció Caín a su mujer, la cual concibió y dio a luz a Enoc; y edificó una ciudad, y llamó el nombre de la ciudad del nombre de su hijo, Enoc. Génesis 4:17 RVR1960

CAÍN EDIFICÓ UNA CIUDAD

La ciudad de Enoc es la primera mención de ciudad que encontramos en el Génesis. A esta, Caín le puso el nombre de su hijo.

No debemos confundir a este Enoc, el hijo de Caín con Enoc, el séptimo desde Adán (Judas 1:14). Este último caminó con Dios y no vió muerte (Génesis 5:22—24). Además es descendiente de Set, la otra línea de los hijos de Adán, en la que vemos la genealogía del Mesías, en la cual está también Noé, Abraham, David, etc… (ver 1 Crónicas 1:1—34; Mateo 1:1—17).

EL INGENIO HUMANO AÚN DESPUÉS DE LA CAÍDA

Caín cometió un terrible pecado. Asesinó a su hermano Abel. Esto es terrible y es también la primera mención de un homicidio en el Génesis. Siempre debemos prestar atención a la regla de primeras menciones, ya que cuando algo se menciona por primera vez en las escrituras, se convierte en una pieza clave para interpretar futuras menciones.[9]

Sin embargo, Caín no introdujo el pecado en el mundo. El pecado fue introducido por su padre Adán.

> *Por tanto, como el pecado entró en el mundo por un hombre, y por el pecado la muerte, así la muerte pasó a todos los hombres, por cuanto todos pecaron.* Romanos 5:12 RVR1960

Entonces, por causa de la desobediencia, el ser humano sufre las consecuencias (inmediatas y a largo plazo). El hombre tendría que conseguir su pan con el sudor de su frente y la mujer dar a luz con dolores (Génesis 3:16—19).

Por causa del pecado, entraron las enfermedades y la muerte, y el ser humano fue debilitado, mental y físicamente. Aún así, el ser humano en su condición caída, todavía conserva en un alto grado mucha inteligencia, creatividad y la habilidad de construir.

PECADORES PORTADORES DE LA IMAGEN DE DIOS

Aún después de la caída, el ser humano es portador de muchos de los atributos que ha heredado de Dios. A estos les llamamos en teología «atributos comunicables».

He aquí la diferencia.

1- Atributos incomunicables. Estos son aquellos atributos que sólo Dios posee. No son transferibles, y tampoco es posible que un ser humano los posea. El único Ser que posee estos atributos es Dios. Ejemplos de estos son omnipotencia y omnisciencia.

2- Atributos comunicables. Aquellos atributos que compartimos. Estos —aunque en su plenitud están en Dios— también se pueden encontrar en seres humanos. Ejemplos de estos son amor, justicia, paciencia, etc…
Es importante notar que estos atributos se exhiben en nosotros los seres humanos de una manera imperfecta. Aquellos que hemos creído, podemos crecer en ellos, sin embargo, sólo Dios puede exhibirlos en su plenitud.[10]

En hombre en su condición caída, todavía es capaz de amar, hacer justicia, tener paciencia, etc... (aunque no perfectamente), y también es capaz de exhibir algunas características de la persona de Dios.

Dios es diseñador, arquitecto detallista, y el hombre puede mostrar esas capacidades. Unos más que otros, y ahí entran los dones y habilidades personales lo cual corresponde al área de la vocación. De esto estaré hablando en el próximo capítulo.

Lo que quiero recalcar aquí sin embargo es que Dios no puso al ser humano en el Edén para que lo mantuviera en un estado de jardín prístino, sin desarrollo, sin transformación donde el ser humano comería frutas y permanecería en vacaciones para siempre.

No.

Dios puso recursos naturales en las manos del ser que creó. La materia prima para transformar con creatividad el panorama visible. Para construir civilización, y hacer cosas hermosas —muestras del ingenio con que el Creador dotó a Sus criaturas.

Si Dios quisiera restaurar el Edén a su estado original, veríamos en las profecías sobre la nueva tierra, la descripción de un Edén idéntico al de Génesis —árboles, ríos y animales. Pero eso no es lo que vemos en la descripción del Edén futuro.

Ciertamente, encontraremos ahí elementos del primer Edén. Ahí veremos ríos, plantas, inclusive ahí estará el árbol de la vida, pero este Edén restaurado está dentro de una ciudad... la *Nueva Jerusalén*, y en esta hay paredes, calles y mucha arquitectura.

En los nuevos cielos y la nueva tierra, habrá civilización. Sembraremos, cosecharemos, comeremos y construiremos.

Por mucho tiempo hemos escuchado hablar del cielo como un lugar donde estaremos flotando con figura semi invisible sobre nubes. Pero esa no es la descripción de nuestro estado eterno que encontramos en la Biblia.

Para comenzar, leamos lo que dicen los textos sobre el Edén futuro.

Apocalipsis 21:10—27;22:1—5 RVR1960

10 Y me llevó en el Espíritu a un monte grande y alto, y me mostró la gran ciudad santa de Jerusalén, que descendía del cielo, de Dios,

11 teniendo la gloria de Dios. Y su fulgor era semejante al de una piedra preciosísima, como piedra de jaspe, diáfana como el cristal.

12 Tenía un muro grande y alto con doce puertas; y en las puertas, doce ángeles, y nombres inscritos, que son los de las doce tribus de los hijos de Israel;

13 al oriente tres puertas; al norte tres puertas; al sur tres puertas; al occidente tres puertas.

14 Y el muro de la ciudad tenía doce cimientos, y sobre ellos los doce nombres de los doce apóstoles del Cordero.

15 El que hablaba conmigo tenía una caña de medir, de oro, para medir la ciudad, sus puertas y su muro.

16 La ciudad se halla establecida en cuadro, y su longitud es igual a su anchura; y él midió la ciudad con la caña, doce mil estadios; la longitud, la altura y la anchura de ella son iguales.

17 Y midió su muro, ciento cuarenta y cuatro codos, de medida de hombre, la cual es de ángel.

18 El material de su muro era de jaspe; pero la ciudad era de oro puro, semejante al vidrio limpio;

19 y los cimientos del muro de la ciudad estaban adornados con toda piedra preciosa. El primer cimiento era jaspe; el segundo, zafiro; el tercero, ágata; el cuarto, esmeralda;

20 el quinto, ónice; el sexto, cornalina; el séptimo, crisólito; el octavo, berilo; el noveno, topacio; el décimo, crisopraso;

el undécimo, jacinto; el duodécimo, amatista.

21 Las doce puertas eran doce perlas; cada una de las puertas era una perla. Y la calle de la ciudad era de oro puro, transparente como vidrio.

22 Y no vi en ella templo; porque el Señor Dios Todopoderoso es el templo de ella, y el Cordero.

23 La ciudad no tiene necesidad de sol ni de luna que brillen en ella; porque la gloria de Dios la ilumina, y el Cordero es su lumbrera.

24 Y las naciones que hubieren sido salvas andarán a la luz de ella; y los reyes de la tierra traerán su gloria y honor a ella.

25 Sus puertas nunca serán cerradas de día, pues allí no habrá noche.

26 Y llevarán la gloria y la honra de las naciones a ella.

27 No entrará en ella ninguna cosa inmunda, o que hace abominación y mentira, sino solamente los que están inscritos en el libro de la vida del Cordero.

1 Después me mostró un río limpio de agua de vida, resplandeciente como cristal, que salía del trono de Dios y del Cordero.

2 En medio de la calle de la ciudad, y a uno y otro lado del río, estaba el árbol de la vida, que produce doce frutos, dando cada mes su fruto; y las hojas del árbol eran para la sanidad de las naciones.

3 Y no habrá más maldición; y el trono de Dios y del Cordero estará en ella, y sus siervos le servirán,

4 y verán su rostro, y su nombre estará en sus frentes.

5 No habrá allí más noche; y no tienen necesidad de luz de lámpara, ni de luz del sol, porque Dios el Señor los iluminará; y reinarán por los siglos de los siglos.

7

VOCACIÓN

Desde que comencé a prepararme para servir a Dios hace más de 40 años siempre vi el énfasis en la separación entre lo común y lo sagrado en cuanto a oficio. La separación entre lo que se consideró un oficio «secular», y un oficio de «ministerio».

De tal manera que para este último se necesitaba un llamado especial, una confirmación de parte de Dios para asegurarnos que estamos llamados al ministerio. Y eso es todo bueno. Nadie debería asumir la responsabilidad del ministerio sin primero asegurarse que está llamado de Dios para hacerlo.

Sin embargo, por otro lado, siempre se le dió menor importancia a los otros oficios. Al carpintero, al médico, al albañil, se les dió importancia como oficios honorables, pero no como sagrados.

Esto es un error.

Cuando Dios le encargó a Adán cultivar y guardar el jardín que había puesto en sus manos, le estaba asignando una responsabilidad sagrada.

Toda labor que se hace debajo del sol es importante y
todo está conectado.

Le entrego un ejemplo.

Me despierto en la mañana de un Lunes, listo para servir a Dios en la obra a la que me ha llamado. Mi llamado específico consiste en predicar la buena noticia en todo lugar donde se abren puertas y usando todo medio y plataforma disponible.

Este Lunes temprano en la mañana suena el despertador, hora de levantarme. Me lavo los dientes, me baño, me visto y preparo una buena taza de café. Hago mi devocional de la mañana con lectura y oración. Preparo mi maleta de mano para el viaje. En esta me aseguro de tener mi Biblia, laptop, libro de notas, mi teléfono celular y un buen libro para leer en el avión. Volaré de San Diego, California hasta San Antonio, Texas; de ahí haré una conexión y el próximo avión me llevará a Bogotá, Colombia, donde haré una escala de 5 horas para tomar el próximo avión que me llevará a mi destino: Guayaquil, Ecuador.

Estando en Guayaquil, me reuniré con los hermanos que me esperan para viajar al lugar donde tendremos el festival. En la plaza del festival, ya el equipo edificó una plataforma que está sostenida por tubos de aluminio y hierro y toda la parte de arriba de la plataforma es de madera.

El equipo de sonido es instalado y los ingenieros de sonido se aseguran que todo está funcionando bien.

En una corta reunión con el equipo de publicidad me doy cuenta del inmenso trabajo que estos muchachos han hecho. Hay vallas publicitarias en lugares estratégicos de la ciudad, y se han imprimido miles de volantes, pósters y pancartas invitando a la población al evento.

Por meses, miembros del equipo visitaron la ciudad y llevaron a cabo proyectos en los que participaron médicos, dentistas, consejeros familiares, etc… Amando la ciudad. Demostrando el amor de Cristo con hechos.

Esto es sólo una vista superficial de todo lo que se hace para que un proyecto de esta índole se lleve a cabo.

Pero bueno. Ya es el primer día del festival y cientos de voluntarios están

en el estadio todo el día trabajando bajo carpas, sirviendo
a los nacionales.

En la noche, desde la plataforma, presentaré el mensaje de esperanza. Les diré que sólo en Cristo hay salvación eterna. Haré el llamado para todo aquél que cree y muchos responderán al llamado. Por la gracia y misericordia de Dios, veremos una cosecha. Muchos pasarán de muerte a vida.

Es interesante que muchos ven el impacto y los resultados al ver venir a Cristo a muchos durante el llamado, y glorifican a Dios. Sin embargo, muy pocos se dan cuenta del trabajo que se llevó a cabo durante meses para hacer posible ver el fruto de cada noche frente a la plataforma.

Regresemos al principio.

Hubo un grupo de personas que diseñaron y fabricaron el despertador que me despertó en la mañana antes de salir de San Diego, California.

Alguien fabricó la pasta de dientes que usé esa mañana y las tuberías por donde fluyó el agua para bañarme esa mañana.

¡Y qué decir del café! Alguien en Colombia sembró el café, lo cuidó, lo cosechó, lo secó y llevó al tostador, moliéndolo y envasándolo en una lata que lo conservaría fresco para exportarlo a los Estados Unidos.

Alguien diseñó y fabricó el laptop que cargo en mi maleta de mano. Alguien diseñó y alguien fabricó mi libro de notas. Alguien imprimió y encuadernó la Biblia que puse en mi maleta para leerla y traer esperanza a muchos.

Algún arquitecto diseñó y algún constructor construyó los aeropuertos de San Diego, San Antonio, Bogotá y Guayaquil. Alguien diseñó y fabricó los aviones que tuve que tomar. Pilotos estudiaron y se prepararon para volar esos aviones. Alguien diseñó la publicidad para el festival. ¡Gracias a Johannes Gutenberg[11] que inventó la imprenta! Y gracias a todos los voluntarios que con sus oficios, dones y habilidades hicieron posible el proyecto de festival.

¿Se da cuenta de todo lo que toma para que la buena noticia se predicara en esta magnitud en Guayaquil?

¿Me va usted a decir que el único oficio sagrado es el del predicador?

No.

Dios trabaja por medio del que siembra y por medio del que cosecha. Todo trabajo fue creado para glorificar a Dios.

> *Yo planté, Apolos regó; pero el crecimiento lo ha dado Dios. 1 Corintios 3:6 RVR1960*

Y todo lo que se hace es para el Señor.

> *Y todo lo que hagáis, hacedlo de corazón, como para el Señor y no para los hombres… Colosenses 3:23 RVR1960*

VOCACIÓN

La vocación es la inclinación a cualquier estado, carrera o profesión. El término proviene del latín vocatio.

Vocatio significa «llamar» o «dar voz». La etimología de la palabra viene de vox (genitivo vocis) «voz» o wekw (de la raíz protoindoeuropea que significa «hablar»).[12]

En otras palabras, la vocación te da una voz.

No todo mensaje se comunica desde un púlpito. Tu trabajo es tu expresión, es tu voz.

De la misma manera que el escritor se expresa con palabras, el músico por medio de notas musicales, también el arquitecto por medio del diseño y el constructor por la obra terminada.

Todos tenemos una voz y todos tenemos algún tipo de vocación.

8

TU TRABAJO GLORIFICA A DIOS

Tomó, pues, el SEÑOR Dios al hombre y lo puso en el jardín de Edén, para que lo cultivara y lo guardara. Génesis 2:15 RVA-2015

Algunas traducciones, como la ESV (en inglés) traducen la palabra «cultivar» como «trabajar».

The Lord God took the man and put him in the garden of Eden to work it and keep it. Genesis 2:15 ESV

El versículo completo se traduciría así:

Tomó, pues, el SEÑOR Dios al hombre y lo puso en el jardín de Edén, para trabajarlo y guardarlo.

La palabra «trabajar» o «cultivar» viene del hebreo דָבָע que se pronuncia abád y se puede traducir como «trabajar» y también se puede traducir como «adorar» y «servir».[13]

En otras palabras, el trabajo de Adán en el jardín del Edén, es un acto de «adoración» y a la vez es un «servicio».

Tu trabajo es un acto de adoración a Dios y a la vez es un acto de servicio a otros.

Servicio es sinónimo de ministerio.

Entonces podemos decir que cuando estás trabajando, estás adorando a Dios y a la vez ministrando a otros, y esto glorifica a Dios.

EL TRABAJO GLORIFICA A DIOS

Sea cual sea la actividad que hagamos «hacedlo todo para la gloria de Dios»(1 Corintios 10:31).

> *Y todo lo que hagáis, hacedlo de corazón, como para el Señor y no para los hombres; sabiendo que del Señor recibiréis la recompensa de la herencia, porque a Cristo el Señor servís. Colosenses 3:23,24 RVR1960*

> *Todo lo que te venga a la mano para hacer, hazlo con empeño... Eclesiastés 9:10 RVA-2015*

> *Sirvan de buena voluntad, como al Señor, no como a los hombres... Efesios 6:7 RVA-2015*

> *Y todo lo que hagan, sea de palabra o de hecho, háganlo todo en el nombre del Señor Jesús, dando gracias a Dios Padre por medio de él. Colosenses 3:17 RVA-2015*

EL TRABAJO ES SERVIR A OTROS

> *En todo os he enseñado que, trabajando así, se debe ayudar a los necesitados, y recordar las palabras del Señor Jesús, que dijo: Más bienaventurado es dar que recibir. Hechos 20:35 RVR1960*

Si usted estudia a las compañías más exitosas hoy en día, notará que estas están ofreciendo algún tipo de «servicio» que está mejorando la vida de otros.

Los grandes inventores trajeron solución a algún tipo de problema y estas invenciones resultaron en grandes empresas.

9

CULTIVAR VIENE DE CULTURA

La palabra abád, también se traduce «cultivar».

Dios puso a Adán «en el jardín de Edén, para que lo cultivara y lo guardara».

Cuando leemos la definición de la palabra «cultivar» en el diccionario de la Real Academia Española vemos cosas muy interesantes.

El diccionario primero define la palabra «cultivar» como: «Dar a la tierra y a las plantas las labores necesarias para que fructifiquen»[14]. Esta definición está relacionada a agricultura y es posiblemente el uso más común de la palabra.

Pero también, en segunda definición dice: «Poner los medios necesarios para mantener y estrechar el conocimiento, el trato o la amistad». En la tercera definición dice: «Desarrollar o ejercitar el talento, el ingenio, la memoria, etc.», y en cuarta definición dice: «Ejercitarse en las artes, las ciencias, las lenguas, etc.».

Tú te cultivas a ti mismo, o te haces una persona más culta (con más cultura) cuando estrechas el conocimiento, desarrollas o ejercitas tus talentos, ingenio, memoria, o adquieres conocimiento en las artes, las ciencias, las lenguas, etc…

Y esto lo vemos en el Edén.

Adán era no sólo el jardinero del Edén (para lo cual se necesita mucha inteligencia); él también fue el primer taxónomo[15] que existió.

Adán tuvo la tarea de poner nombre a todos los animales.

> *Adán puso nombre a todos los animales y a las aves de los cielos, y a todo el ganado del campo… Génesis 2:20 RVC*

HACER CULTURA

Dios puso en el ser humano la inteligencia para estudiar, clasificar, hacer investigación y desarrollarse.

También le dió la habilidad para desarrollar su medio ambiente.

Esto lo vemos en la historia del ser humano. En el desarrollo de civilizaciones y culturas.

Tu eres llamado a cultivar tus alrededores. A mostrar la imagen de Dios en tí por medio de lo que haces.

Es por eso que usted se siente realizado cuando obtiene logros, cuando construye algo que mejora la vida de otros.

Quizá usted ha oído hablar de lugares de trabajo donde los que hacen equipo son inspirados. Lugares donde hay un ambiente de colaboración, respeto y reconocimiento mutuo. A veces para definir lugares así, se dice que «ahí existe una buena cultura de trabajo».

Esto es lo opuesto a lugares donde existe un ambiente tóxico, donde reina la competencia enfermiza, los celos, la envidia, etc…

Siempre digo —a los jóvenes principalmente— que descubran su vocación. Aquello donde sus dones son activados naturalmente. Aquello que les inspira. Aquello por lo que tienen pasión. Donde Dios se glorifica por medio de lo que aportas a otros.

Y haciendo esto, vivirás con un sentido de propósito. Con el gozo que viene de estar en el lugar correcto haciendo aquello para lo que fuiste llamado.

Individual y colectivamente, hemos sido llamados a hacer cultura por medio de lo que hacemos.

Dios depositó en el hombre este llamado desde el primer Edén, para que lo desarrollemos durante nuestra existencia terrenal ahora y en la nueva tierra, y de esto último hablaré más en los próximos capítulos.

Entonces, si somos llamados a hacer cultura por medio del trabajo no sólo desde el primer Edén y en este tiempo, sino que también en la eternidad, surge inevitablemente la pregunta…

¿HABRÁ TRABAJO EN EL CIELO?

Al principio de este libro, hablé de la mala teología que enseña de que el trabajo es un castigo.

Debido a la mala enseñanza, muchos cristianos promueven la idea escapista de que iremos al cielo para no trabajar jamás.

En esto hay un doble error.

Primero, un concepto erróneo de lo que es el cielo, y segundo un concepto erróneo de nuestro estado en la eternidad.

Voy a corregir estos dos errores bíblicamente.

10

¿QUÉ ES EL CIELO?

Siempre oímos decir que cuando morimos vamos al cielo.

Esto es parte de la experiencia de la persona que muere (en Cristo) en este tiempo —antes de la resurrección. Pero no representa el panorama completo, pues la Biblia enseña que «el cielo vendrá a nosotros», y ese será nuestro estado permanente.

EL CIELO ANTES DE LA RESURRECCIÓN

Si morimos hoy, y estamos redimidos por medio del perfecto sacrificio de Cristo, vamos al cielo, pero ese es un estado temporal.

Estaremos en la presencia de Dios, con un cuerpo celestial. Tendremos forma, porque hay cuerpos celestiales, pero eso no es lo mismo que el cuerpo resucitado que tendremos a partir de la resurrección, el cual estará preparado para la nueva tierra.

Vamos por partes.

¿QUÉ SUCEDE CUANDO MORIMOS?

En el momento en que abandonamos este cuerpo, estamos presentes con el Señor, donde Él está en este momento «ausentes del cuerpo, y presentes al Señor» (2 Corintios 5:8).

No vamos a estar en un lugar flotando hasta que suceda la resurrección como algunos enseñan.

Cuando decimos ir al cielo, lo que estamos diciendo es que vamos a donde Cristo está en este momento.

Préstame mucha atención en esto. La clave es saber «donde está Cristo», porque donde Él esté ahí estaremos nosotros con Él.

> *Y si me fuere y os preparare lugar, vendré otra vez, y os tomaré a mí mismo, para que donde yo estoy, vosotros también estéis. Juan 14:3 RVR1960*

> *Padre, aquellos que me has dado, quiero que donde yo estoy, también ellos estén conmigo, para que vean mi gloria que me has dado; porque me has amado desde antes de la fundación del mundo. Juan 17:24 RVR1960*

Las Escrituras nos enseñan que el cielo descenderá. Cuando esto suceda nosotros descenderemos con Cristo. Siempre estaremos con Cristo, donde quiera que Él esté.

> *Y yo Juan vi la santa ciudad, la nueva Jerusalén, descender del cielo, de Dios, dispuesta como una esposa ataviada para su marido. Apocalipsis 21:2 RVR1960*

Existen dos escuelas incorrectas en cuanto a esto. Una dice que estaremos dormidos hasta el día de la resurrección, otra dice que nuestro espíritu (sin cuerpo) estará flotando hasta el día de la resurrección que tendrá de nuevo cuerpo.

Como dije, ambas enseñanzas son incorrectas.

Siempre tendremos cuerpos.

Cuando salgamos de este «cuerpo de la humillación» (Filipenses 3:21), también conocido como «morada terrestre», o «tabernáculo» recibiremos un «cuerpo celestial».

Veamos los textos.

> *Porque sabemos que si nuestra morada terrestre, este tabernáculo, se deshiciere, tenemos de Dios un edificio, una casa no hecha de manos, eterna, en los cielos. Y por esto también gemimos, deseando ser revestidos de aquella nuestra habitación celestial 2 Corintios 5:1,2 RVR1960*

> *Porque asimismo los que estamos en este tabernáculo gemimos con angustia; porque no quisiéramos ser desnudados, sino revestidos, para que lo mortal sea absorbido por la vida. 2 Corintios 5:4 RVR1960*

La frase «habitación celestial» que es opuesto a «morada terrestre» nos indica que cuando estemos en el cielo nuestro espíritu estará vestido (tendrá cuerpo), aunque será un cuerpo celestial, tendrá forma. Pablo hace la diferencia refiriéndose al cuerpo resucitado cuando dice: «Se siembra cuerpo animal, resucitará cuerpo espiritual» (1 Corintios 15:44). Claro que está hablando en ese pasaje del cuerpo resucitado, de lo cual hablaré más adelante, sin embargo, el principio es el mismo.

En el cielo tendremos forma. No seremos espíritus flotando. Tendremos cuerpo celestial.

> *Y hay cuerpos celestiales, y cuerpos terrenales; pero una es la gloria de los celestiales, y otra la de los terrenales. 1 Corintios 15:40 RVR1960*

Entonces, siempre tendremos cuerpo. Note como dice Pablo «no quisiéramos ser desnudados, sino revestidos». «Desnudados» sería si nuestro espíritu quedara sin cuerpo (flotando, como algunos enseñan erróneamente), pero no seremos desnudados, sino revestidos, lo que significa que al salir de este cuerpo terrenal (desvestidos) entraremos en nuestro cuerpo celestial (revestidos), y ese nuevo cuerpo celestial tiene forma, igual que el cuerpo que tenemos ahora, pero con la diferencia que en ese cuerpo no habrá dolor, decadencia o corrupción —será un cuerpo perfecto.

Entonces, cuando morimos, somos hechos parte de la verdadera Sión, junto a «muchos millares de ángeles, a la congregación de los primogénitos que están inscritos en los cielos» (Hebreos 12:22,23).

ESTADO INTERMEDIO

A nuestro estado en el cielo entre el día que morimos y el día de la resurrección algunos teólogos le llaman «estado intermedio».

¿Cómo seremos? ¿Dónde estaremos?

No me gusta usar la terminología de «estado intermedio» porque creo que se presta a confusión. La falsa doctrina del purgatorio es tratada como un «estado intermedio», también la enseñanza de que «dormimos hasta el día de la resurrección» (como lo enseñan algunas sectas), por lo que no me gusta usar esa frase.

Cuando eres separado de esta morada terrestre, inmediatamente entras en tu morada celestial.

Dos cosas al respecto.

> 1- ¿Recuerdas al ladrón en la cruz? Jesús le dijo: «De cierto te digo que hoy estarás conmigo en el paraíso» (Lucas 23:43).
>
> ¿Qué significa «hoy»?
>
> Jesús le estaba diciendo «hoy vamos a estar en el mismo lugar —juntos».
>
> 2- Algunos piensan que cuando Jesús dijo: «En la casa de mi Padre muchas moradas hay… voy, pues, a preparar lugar para vosotros» (Juan 14:2) estaba hablando de casas celestiales. Que tendrás una casa con tres recámaras y dos baños (como oí a alguien decir una vez). No. Moradas celestiales son cuerpos celestiales (2 Corintios 5:1,2).

ALGO MÁS SOBRE EL PARAÍSO

Mencioné las palabras de Jesús cuando le dijo al ladrón en la cruz: «De cierto te digo que hoy estarás conmigo en el paraíso» (Lucas 23:43).

¿Dónde estaba el paraíso en ese momento?

En la Biblia Hebrea la palabra usada para paraíso es סֶרְדַפּ «pardés». Esta palabra es usada en textos después de la era del exilio (538 a.C.) y se puede traducir como «jardín». La vemos traducida como «paraíso» en Cantares 4:13, y como «huertos» en Eclesiastés 2:5 [16].

En la escatología Judía para paraíso se usa «Gan Edén» y significa «Jardín de Justicia» [17].

En la escatología moderna del judaísmo rabínico, se cree que la historia se completará y el destino final será cuando toda la humanidad regrese al Jardín del Edén [18].

Muchos cristianos primitivos identificaron el seno de Abraham con el paraíso [19].

Jesús al morir, fue al seno de Abraham, tomó a la cautividad (los justos que esperaban en Él) y la traspasó al tercer cielo.

> *Por lo cual dice: Subiendo a lo alto, llevó cautiva la cautividad, Y dio dones a los hombres. Y eso de que subió, ¿qué es, sino que también había descendido primero a las partes más bajas de la tierra? Efesios 4:8,9 RVR1960*

Cuando Pablo es levantado al tercer cielo, él encontró ahí el paraíso. Es decir que el paraíso en este momento está en el tercer cielo.

> *Y conozco al tal hombre (si en el cuerpo, o fuera del cuerpo, no lo sé; Dios lo sabe), que fue arrebatado al paraíso, donde oyó palabras inefables que no le es dado al hombre expresar. 2 Corintios 12:3,4 RVR1960*

¿Donde específicamente en el tercer cielo?

En la *Nueva Jerusalén* que ya está en el tercer cielo y descenderá, y cuando descienda, el paraíso (el jardín) descenderá dentro de la *Nueva Jerusalén*.

> *El que tiene oído, oiga lo que el Espíritu dice a las iglesias. Al que venciere, le daré a comer del árbol de la vida, el cual está en medio del paraíso de Dios. Apocalipsis 2:7 RVR1960*

Claramente dice el texto que el árbol de la vida está en el paraíso de Dios.

En la descripción de la *Nueva Jerusalén*, ahí vemos que aparece el árbol de la vida.

> *En medio de la calle de la ciudad, y a uno y otro lado del río, estaba el árbol de la vida… Apocalipsis 22:2 RVR1960*

Es decir que, el árbol de la vida que estaba en el primer Edén, está en el eterno Edén, el jardín de Dios, el paraíso, dentro de la *Nueva Jerusalén* —la ciudad jardín.

EL CIELO DESPUÉS DE LA RESURRECCIÓN

Pablo nos da un orden en cuanto a la resurrección.

> *Porque el Señor mismo con voz de mando, con voz de arcángel, y con trompeta de Dios, descenderá del cielo; y los muertos en Cristo resucitarán primero. Luego nosotros los que vivimos, los que hayamos quedado, seremos arrebatados juntamente con ellos en las nubes para recibir al Señor en el aire, y así estaremos siempre con el Señor. 1 Tesalonicenses 4:16,17 RVR1960*

En ese orden nos damos cuenta que los cuerpos de los que ya habían muerto, resucitarán primero, luego, los que estamos vivos en el momento de la resurrección, seremos resucitados.

¿Qué cuerpo tendremos después de la resurrección?

En la resurrección tendremos un cuerpo espiritual resucitado, es decir, listo para la nueva tierra.

> *Se siembra cuerpo animal, resucitará cuerpo espiritual. Hay cuerpo animal, y hay cuerpo espiritual. 1 Corintios 15:44 RVR1960*

Nuestro cuerpo después de la resurrección, tendrá las mismas características del cuerpo de Jesús después que resucitó. Jesús tenía un cuerpo espiritual porque podía traspasar paredes, pero a la vez podía comer.

Es un cuerpo que puede funcionar perfectamente en la nueva tierra, pero en el cual no habrá dolor, ni enfermedad ni imperfecciones.

¿Qué sucederá con los que ya habían muerto y ya tenían un cuerpo celestial en la presencia de Dios en los cielos?

Los que ya estaban con el Señor en Su presencia y ya habían tomado un cuerpo celestial, tomarán sus cuerpos espirituales/terrenales resucitados en el día de la resurrección.

¿Por qué sería esto necesario, si ya teníamos un cuerpo celestial perfecto?

Porque nuestro futuro es aquí en la tierra. Pero debemos notar lo siguiente:

- Esta tierra será hecha de nuevo (2 Pedro 3:13) —algunos teólogos usan la frase «resucitada». Dios hará nuevos cielos y nueva tierra. Su santa ciudad «descenderá del cielo» (Apocalipsis 21:2) con el segundo Edén dentro. En otras palabras, el cielo vendrá a la tierra, y aquí, Dios hará Su morada con los hombres (Apocalipsis 21:3; 22:3).

- Nuestros cuerpos resucitados estarán listos para vivir en ese segundo Edén. En la *Nueva Jerusalén* que también tiene un jardín en ella como el Edén (Apocalipsis 22:1,2). Como esa habitación será terrenal/espiritual, nuestros cuerpos resucitados terrenales/

espirituales estarán listos para vivir en ella. Y «ya no habrá muerte, ni habrá más llanto, ni clamor, ni dolor; porque las primeras cosas pasaron» (Apocalipsis 21:4).

¿Qué sucede con los que están vivos en el momento de la resurrección?

Los que estén vivos en ese momento, serán transformados en un instante (1 Corintios 15:52). En otras palabras, tomarán ese cuerpo perfecto y desde entonces estarán con el Señor, igual que sucedió con los que murieron en Cristo.

Serán arrebatados (1 Tesalonicenses 4:17) para recibir al Señor en las nubes (porque el Señor viene descendiendo). Es Su Segunda Venida. Y a partir de ahí, estarán juntos con todos los que descienden con el Señor. Para un futuro juntos en la *Nueva Jerusalén* que ha descendido del cielo.

Hablo más sobre este tema en el volumen Escatología: La doctrina del futuro[20], donde me extiendo en todo lo que tiene que ver con la *Nueva Jerusalén* y la restauración de todas las cosas, «cielos nuevos y tierra nueva».

Entonces, ya hemos dejado establecido qué es el cielo, donde está ahora y donde estará después de la resurrección.

En el próximo capítulo, corregiré el segundo error que le mencioné antes en cuanto al cielo —el concepto erróneo de nuestro estado en la eternidad— y así responder a la pregunta de preguntas: ¿Habrá trabajo en el cielo?

11

¿CÓMO SERÁ NUESTRO ESTADO EN EL CIELO?

Ya entendimos que en el cielo no seremos fantasmas volando con vestiduras blancas semitransparentes.

No seremos espíritu sin cuerpo.

También le hablé de cómo el cielo viene a la tierra. La santa ciudad de Dios descenderá del cielo. Dios hará cielos nuevos y tierra nueva donde habitaremos para siempre.

Le dije también antes que este nuevo Edén (en la *Nueva Jerusalén*) tiene el jardín con río y aún el árbol de la vida que estaba en el primer Edén, sin embargo en este Edén restaurado tendremos más que un jardín.

Será una ciudad jardín y esto es porque Dios no pretendía que el primer Edén se quedara siempre siendo un jardín y que el hombre permaneciera en una comunidad feudal para siempre.

Como dije antes, toda la materia prima estaba ya en el Edén y Dios le dió al hombre la inteligencia para desarrollarse y crecer, edificar civilizaciones, ciudades y cosas magníficas exhibiendo el poder creativo que Dios le dió cuando puso su misma imagen en él.

> *Y los bendijo Dios, y les dijo: Fructificad y multiplicaos; llenad la tierra, y sojuzgadla, y señoread en los peces del*

mar, en las aves de los cielos, y en todas las bestias que se mueven sobre la tierra. Génesis 1:28 RVR1960

Entonces dijo Dios: Hagamos al hombre a nuestra imagen, conforme a nuestra semejanza; y señoree en los peces del mar, en las aves de los cielos, en las bestias, en toda la tierra, y en todo animal que se arrastra sobre la tierra. Génesis 1:26 RVR1960

CIVILIZACIÓN FUTURA

Con cuerpos resucitados, sin las limitaciones que nos había impuesto el pecado, del que ya fuimos libres para siempre, el ser humano podrá desarrollar el diseño original, con una creatividad superior a la que pudo exhibir desde la caída.

Si el hombre caído y manchado por el pecado, aún el hombre no regenerado, pudo lograr las grandes invenciones tecnológicas que conocemos hoy… ¿se imagina usted lo que un hombre libre de pecado y totalmente restaurado a su estado original puede hacer?

¿Trabajaremos en el cielo?

A la respuesta si habrá trabajo en la nueva tierra por la eternidad, sin duda y con certeza la respuesta es Sí.

Sembraremos, cosecharemos, construiremos y nos gozaremos porque fuimos creados para eso.

Esto es lo que dice el profeta Isaías sobre el trabajo en la nueva tierra.

Porque he aquí que yo crearé nuevos cielos y nueva tierra; y de lo primero no habrá memoria, ni más vendrá al pensamiento. Edificarán casas, y morarán en ellas; plantarán viñas, y comerán el fruto de ellas. Isaías 65:17,21 RVR1960

La nueva tierra será un lugar sólido, con paisaje, con árboles, calles, muros.

La razón por la que a muchos cristianos les cuesta trabajo creer en esto es por la connotación negativa del trabajo en el primer Edén, pero ya he explicado que esto vino como maldición por causa de la caída. El trabajo ya existía y era bendición, agradable y placentero antes de la caída.

Otra objeción que hay en contra de esto es un texto mal interpretado y me refiero a Apocalipsis 14:13, donde dice que los los muertos que mueren en el Señor descansarán de sus trabajos.

Leamos el texto y luego le explicaré lo que está verdaderamente diciendo.

> *Oí una voz que desde el cielo me decía: Escribe: Bienaventurados de aquí en adelante los muertos que mueren en el Señor.*
> *Sí, dice el Espíritu, descansarán de sus trabajos, porque sus obras con ellos siguen. Apocalipsis 14:13 RVR1960*

Algunas traducciones en inglés (como la ESV y la KJV) en lugar de «trabajos» usa la palabra «labores».

La palabra griega para labores aquí es «kopos»[21] y tiene una connotación negativa. La palabra se puede traducir «fatiga».

La NVI lo traduce con «fatigosas tareas», y la TLA dice: «descansarán de todos sus sufrimientos y dificultades».

No dice que descansarán del trabajo, sino de los sufrimientos, dificultades y fatigas que trajo el trabajo después de la caída.

Pablo usa la misma palabra para describir los sufrimientos del ministerio.

> *He trabajado mucho, y he tenido dificultades. Muchas noches las he pasado sin dormir. He sufrido hambre y sed, y por falta de ropa he pasado frío. 2 Corintios 11:27 TLA*

El trabajo en la nueva tierra será el tipo de actividad que despertará nuestra creatividad y disfrute.

Dice Isaías «mis escogidos disfrutarán la obra de sus manos. No trabajarán en vano...» (Isaías 65:22,23).

Claramente habrá disfrute en el trabajo, y no será en vano.

¿Sabe usted lo que significa trabajar en vano?

Antes existía una clase media acá en los Estados Unidos.

Un padre de familia que trabajaba en una factoría ensamblando automóviles, podía mantener a su familia, comprar una casa y retirarse con una pensión.

Todos sabemos que con el crecimiento de la globalización, ya esa clase media ha virtualmente desaparecido. Un obrero trabajando en una fábrica hoy en día no puede mantener a una familia, mucho menos comprar una casa. Hay familias donde trabajan papá y mamá, múltiples empleos y largas horas para poder cubrir su renta. Y cuando reciben un aumento de salario de 2% es porque la inflación está a 3%. Es decir que, nunca alcanzan a ver el fruto de su trabajo.

Trabajar en vano es esforzarte y sacrificarte entregando tus mejores años laborales a una empresa que te desempleará exactamente seis meses antes de tu jubilación para no pagarte beneficios.

Eso es trabajar en vano. Y esto trae frustración.

Originalmente el trabajo no fue diseñado para producir frustración y fatiga.

Fue diseñado para que el ser humano tuviera contentamiento viendo la obra de sus manos.

El trabajo será redimido, de la misma manera que toda la creación será redimida, cuando Dios haga todas las cosas nuevas.

> *Porque sabemos que toda la creación gime a una, y a una está con dolores de parto hasta ahora… Romanos 8:22 RVR1960*
>
> *Y el que estaba sentado en el trono dijo: He aquí, yo hago nuevas todas las cosas. Apocalipsis 21:5 RVR1960*

12

NUESTRA CIUDAD JARDÍN EN LOS CIELOS NUEVOS Y TIERRA NUEVA

El pecado del hombre no pudo destruir el plan de Dios en cuanto a la creación. Ciertamente el pecado introdujo la muerte, enfermedad, angustia y mucho sufrimiento para la raza humana. Sin embargo, el plan de Dios cuando creó esta tierra y puso al hombre en ella todavía está en pie.

FUIMOS CREADOS PARA ESTA TIERRA

> *…los que esperan en el SEÑOR heredarán la tierra. Salmos 37:9 RVA-2015*
>
> *Pero los mansos heredarán la tierra… Salmos 37:11 RVR1960*
>
> *Porque los benditos de él heredarán la tierra… Salmos 37:22 RVR1960*
>
> *Los justos heredarán la tierra, Y vivirán para siempre sobre ella. Salmos 37:29 RVR1960*
>
> *Y tu pueblo, todos ellos serán justos, para siempre heredarán la tierra; renuevos de mi plantío, obra de mis*

> *manos, para glorificarme. Isaías 60:21 RVR1960*

No solamente dice el texto que heredaremos la tierra. Claramente dice que viviremos en ella para siempre.

Ciertamente la creación fue dañada y entró en decadencia, pero será libertada.

> *…porque también la creación misma será libertada de la esclavitud de corrupción, a la libertad gloriosa de los hijos de Dios. Romanos 8:21 RVR1960*

Usted se pregunta ¿entonces, qué pasa con el cielo?

EL CIELO DESCENDERÁ A LA TIERRA

Claramente está escrito que el cielo —la ciudad jardín que ya está formada— descenderá a la tierra. El cielo y la tierra se unirán y será glorioso.

> *Y me llevó en el Espíritu a un monte grande y alto, y me mostró la gran ciudad santa de Jerusalén, que descendía del cielo, de Dios… Apocalipsis 21:10 RVR1960*

El Señor morará en la Santa Ciudad. No la Jerusalén actual —la cuál Pablo dice que está en esclavitud—, pero la *Nueva Jerusalén* de arriba (Gálatas 4:25,26).

> *Y yo Juan vi la santa ciudad, la nueva Jerusalén, descender del cielo, de Dios, dispuesta como una esposa ataviada para su marido. Y oí una gran voz del cielo que decía: He aquí el tabernáculo de Dios con los hombres, y él morará con ellos; y ellos serán su pueblo, y Dios mismo estará con ellos como su Dios. Apocalipsis 21:2,3 RVR1960*

Esa será nuestra ciudad futura. La Nueva Tierra será nuestro lugar de residencia permanente en el universo.

¿Viviremos todos en la *Nueva Jerusalén*?

No. Dios hará todas las cosas nuevas, es decir que la tierra será hecha nueva.

Note que el texto habla de Cielos Nuevos y Tierra Nueva. Es decir, toda la creación será hecha nueva.

Muchos habitarán en la Nueva Tierra y dice el texto que las naciones y los reyes subirán a la gran ciudad.

> *Y las naciones que hubieren sido salvas andarán a la luz de ella; y los reyes de la tierra traerán su gloria y honor a ella. Sus puertas nunca serán cerradas de día, pues allí no habrá noche. Y llevarán la gloria y la honra de las naciones a ella. Apocalipsis 21:24—26 RVR1960*

De igual manera que al principio.

Dios plantó un huerto en Edén (Génesis 2:8) y puso al hombre en el huerto, sin embargo le entregó toda la tierra para llenarla (Génesis 1:28). En otras palabras, Adán tenía la misión de extender el Edén a toda la tierra.

En el futuro, cuando la *Nueva Jerusalén* (la ciudad que contiene el nuevo Edén) descienda; el hombre tendrá la tarea de extender la cultura de la ciudad jardín al resto de la Nueva Tierra.

Como dije antes, «sembraremos, cosecharemos y construiremos civilización». Esta vez sin los efectos del pecado.

¿Quién entrará en la *Nueva Jerusalén*?

Quizá la mejor manera de responder a esa pregunta es primero diciendo quién no entrará.

Juan —ahí en el capítulo 21, hablando de la *Nueva Jerusalén*— dice quienes no entrarán en detalles.

> *Pero los cobardes e incrédulos, los abominables y homicidas, los fornicarios y hechiceros, los idólatras y todos los mentirosos tendrán su parte en el lago que arde con fuego y azufre, que es la muerte segunda. Apocalipsis 21:8 RVR1960*

Y aún más.

Dice el texto: «No entrará en ella ninguna cosa inmunda, o que hace abominación y mentira…»(v.27).

Cosa inmunda o que hace abominación y mentira incluye a toda persona y obra que no haya sido consagrada por medio de la sangre del Cordero.

Sólo aquellos cuyos nombres están escritos en el libro de la vida podrán entrar. Leamos el versículo completo.

> *No entrará en ella ninguna cosa inmunda, o que hace abominación y mentira, sino solamente los que están inscritos en el libro de la vida del Cordero. Apocalipsis 21:27 RVR1960*

¿Cómo sé si mi nombre está inscrito en el libro de la vida?

Pablo dice que los nombres de sus colaboradores están en el libro de la vida.

> *Asimismo te ruego también a ti, compañero fiel, que ayudes a estas que combatieron juntamente conmigo en el evangelio, con Clemente también y los demás colaboradores míos, cuyos nombres están en el libro de la vida. Filipenses 4:3 RVR1960*

¿Cómo puede Pablo con certeza afirmar eso?

Pablo conocía las obras de quienes colaboraban con él en el ministerio.

Si es cierto que seremos salvos por gracia, por medio de la fe y no por obras (Efesios 2:8—10); de la misma manera es cierto que las obras dan testimonio de quien ha sido verdaderamente salvo.

En otras palabras. El fruto indica el tipo de árbol.

Es por eso que a la hora del juicio seremos juzgados por nuestras obras. Somos salvos por fe (Romanos 3:28), pero no seremos juzgados por nuestra fe.

Seremos juzgados por nuestras obras porque ellas hablarán de nuestra fe.

JUZGADOS POR OBRAS

> *Y vi a los muertos, grandes y pequeños, de pie ante Dios; y los libros fueron abiertos, y otro libro fue abierto, el cual es el libro de la vida; y fueron juzgados los muertos por las cosas que estaban escritas en los libros, según sus obras. Apocalipsis 20:12 RVR1960*

Quienes no estaban en el libro de la vida serán lanzados al lago de fuego

> *Y el que no se halló inscrito en el libro de la vida fue lanzado al lago de fuego. Apocalipsis 20:15 RVR1960*

Quienes están en el libro de la vida serán salvos

En el texto que mencioné antes vimos que «solamente los que están inscritos en el libro de la vida» (Apocalipsis 21:27), podrán entrar.

Juan también dice en el Apocalipsis que los nombres de los que adoraron a la bestia NO estaban en el libro de la vida «desde el principio del mundo» (Apocalipsis 13:8) o «desde la fundación del mundo» (Apocalipsis 17:8).

Es decir que los nombres que aparecerán en el libro de la vida están ya ahí desde antes.

He escuchado a evangelistas hacer el llamado al altar diciendo a las personas que acepten a Cristo para que sus nombres sean escritos en el libro de la vida (una vez que se conviertan).

Esto es incorrecto.

PREDESTINACIÓN

Ya Dios conoció y escogió desde antes a aquellos que creen en él.

> *Porque a los que antes conoció, también los predestinó para que fuesen hechos conformes a la imagen de su Hijo, para que él sea el primogénito entre muchos hermanos. Romanos 8:29 RVR1960*

> *...según nos escogió en él antes de la fundación del mundo, para que fuésemos santos y sin mancha delante de él, en amor habiéndonos predestinado para ser adoptados hijos suyos por medio de Jesucristo, según el puro afecto de su voluntad, para alabanza de la gloria de su gracia, con la cual nos hizo aceptos en el Amado, Efesios 1:4—6 RVR1960*

SALVACIÓN POR FE

Sin embargo, somos salvos en el momento en que creemos.

Cuando creemos en Cristo y venimos a Él, es en ese momento que somos sellados con Su Espíritu.

> *En él también vosotros, habiendo oído la palabra de verdad, el evangelio de vuestra salvación, y habiendo creído en él, fuisteis sellados con el Espíritu Santo de la promesa... Efesios 1:13 RVR1960*

Entonces. Somos salvos en el momento en que creemos, pero la razón por la que podemos ser salvos es porque Dios ya nos había escogido desde antes para salvación.

> *Ninguno puede venir a mí, si el Padre que me envió no le trajere... Juan 6:44 RVR1960*

¿Cómo sé que soy escogido?

Porque puedes llamar a Jesús: Señor.

> *...nadie puede llamar a Jesús Señor, sino por el Espíritu Santo. 1 Corintios 12:3b RVR1960*

VEN A JESÚS

Y cuando hablamos de llamar a Jesús, Señor, estamos creyendo en nuestro corazón.

> *...que si confesares con tu boca que Jesús es el Señor, y creyeres en tu corazón que Dios le levantó de los muertos, serás salvo. Porque con el corazón se cree para justicia, pero con la boca se confiesa para salvación. Romanos 10:9,10 RVR1960*

Entonces.

Quien ha confesado con su boca que Jesús es Señor, y ha creído en su corazón que Dios le levantó de los muertos, recibe la salvación y seguridad de vida eterna.

¿Por qué, creer que Dios le ha levantado de los muertos?

Porque una persona puede simplemente creer que Jesús existió (como un personaje histórico) y eso no garantiza salvación, pero cuando uno cree que Jesús murió y resucitó de los muertos para darnos salvación, eso cambia todo.

¿Estarás en la Nueva Tierra?

Si no estás seguro, hoy puedes estarlo. Cree en el Señor Jesucristo y serás salvo.

> *Cree en el Señor Jesucristo, y serás salvo... Hechos 16:31 RVR1960*

> *El que cree en el Hijo tiene vida eterna... Juan 3:36 RVR1960*

Ora conmigo.

Padre Celestial. En este momento yo creo que Jesucristo es Señor y que tu Padre le levantaste de los muertos para darme vida eterna. Recibo en este momento el don de la salvación. Gracias Señor por haberme salvado y por darme hoy la seguridad de la vida eterna. En el nombre de Jesús. Amén.

Si has orado esa oración creyendo. Bienvenido a la familia de Dios.

Al final de este libro le indico cómo descargar gratis el libro: Ahora que estoy en Cristo. Este le ayudará en sus primeros pasos como un seguidor de Jesús.

13

CIUDAD JARDÍN: CARACTERÍSTICAS

En este último capítulo, quisiera entregarle una visión más amplia de la *Nueva Jerusalén*, con detalles y características del estado eterno.

Se que a muchos no les gusta leer pasajes bíblicos largos dentro de un libro, se impacientan y tratan de pasarlo por alto.

Sin embargo, para ver la mejor descripción sobre todo lo que tiene que ver con la *Nueva Jerusalén* creo que es necesario leer el texto completo. Léalo despacio, y le espero al otro lado del texto para hacer algunos comentarios.

La ciudad jardín

> *Apocalipsis 21:1—27; 22:1—5 RVR1960*
>
> *1 Vi un cielo nuevo y una tierra nueva; porque el primer cielo y la primera tierra pasaron, y el mar ya no existía más.*
> *2 Y yo Juan vi la santa ciudad, la nueva Jerusalén, descender del cielo, de Dios, dispuesta como una esposa ataviada para su marido.*
> *3 Y oí una gran voz del cielo que decía: He aquí el tabernáculo de Dios con los hombres, y él morará con ellos; y ellos serán su pueblo, y Dios mismo estará con ellos como su Dios.*
> *4 Enjugará Dios toda lágrima de los ojos de ellos; y ya no habrá*

muerte, ni habrá más llanto, ni clamor, ni dolor; porque las primeras cosas pasaron.

5 Y el que estaba sentado en el trono dijo: He aquí, yo hago nuevas todas las cosas. Y me dijo: Escribe; porque estas palabras son fieles y verdaderas.

6 Y me dijo: Hecho está. Yo soy el Alfa y la Omega, el principio y el fin. Al que tuviere sed, yo le daré gratuitamente de la fuente del agua de la vida.

7 El que venciere heredará todas las cosas, y yo seré su Dios, y él será mi hijo.

8 Pero los cobardes e incrédulos, los abominables y homicidas, los fornicarios y hechiceros, los idólatras y todos los mentirosos tendrán su parte en el lago que arde con fuego y azufre, que es la muerte segunda.

9 Vino entonces a mí uno de los siete ángeles que tenían las siete copas llenas de las siete plagas postreras, y habló conmigo, diciendo: Ven acá, yo te mostraré la desposada, la esposa del Cordero.

10 Y me llevó en el Espíritu a un monte grande y alto, y me mostró la gran ciudad santa de Jerusalén, que descendía del cielo, de Dios,

11 teniendo la gloria de Dios. Y su fulgor era semejante al de una piedra preciosísima, como piedra de jaspe, diáfana como el cristal.

12 Tenía un muro grande y alto con doce puertas; y en las puertas, doce ángeles, y nombres inscritos, que son los de las doce tribus de los hijos de Israel;

13 al oriente tres puertas; al norte tres puertas; al sur tres puertas; al occidente tres puertas.

14 Y el muro de la ciudad tenía doce cimientos, y sobre ellos los doce nombres de los doce apóstoles del Cordero.

15 El que hablaba conmigo tenía una caña de medir, de oro, para medir la ciudad, sus puertas y su muro.

16 La ciudad se halla establecida en cuadro, y su longitud es igual a su anchura; y él midió la ciudad con la caña, doce mil estadios; la

longitud, la altura y la anchura de ella son iguales.
17 Y midió su muro, ciento cuarenta y cuatro codos, de medida de hombre, la cual es de ángel.
18 El material de su muro era de jaspe; pero la ciudad era de oro puro, semejante al vidrio limpio;
19 y los cimientos del muro de la ciudad estaban adornados con toda piedra preciosa. El primer cimiento era jaspe; el segundo, zafiro; el tercero, ágata; el cuarto, esmeralda;
20 el quinto, ónice; el sexto, cornalina; el séptimo, crisólito; el octavo, berilo; el noveno, topacio; el décimo, crisopraso; el undécimo, jacinto; el duodécimo, amatista.
21 Las doce puertas eran doce perlas; cada una de las puertas era una perla. Y la calle de la ciudad era de oro puro, transparente como vidrio.
22 Y no vi en ella templo; porque el Señor Dios Todopoderoso es el templo de ella, y el Cordero.
23 La ciudad no tiene necesidad de sol ni de luna que brillen en ella; porque la gloria de Dios la ilumina, y el Cordero es su lumbrera.
24 Y las naciones que hubieren sido salvas andarán a la luz de ella; y los reyes de la tierra traerán su gloria y honor a ella.
25 Sus puertas nunca serán cerradas de día, pues allí no habrá noche.
26 Y llevarán la gloria y la honra de las naciones a ella.
27 No entrará en ella ninguna cosa inmunda, o que hace abominación y mentira, sino solamente los que están inscritos en el libro de la vida del Cordero.

1 Después me mostró un río limpio de agua de vida, resplandeciente como cristal, que salía del trono de Dios y del Cordero.
2 En medio de la calle de la ciudad, y a uno y otro lado del río, estaba el árbol de la vida, que produce doce frutos, dando cada mes su fruto; y las hojas del árbol eran para la sanidad de las naciones.

3 Y no habrá más maldición; y el trono de Dios y del Cordero estará en ella, y sus siervos le servirán,
4 y verán su rostro, y su nombre estará en sus frentes.
5 No habrá allí más noche; y no tienen necesidad de luz de lámpara, ni de luz del sol, porque Dios el Señor los iluminará; y reinarán por los siglos de los siglos.

CARACTERÍSTICAS

1- La creación presente será destruida y reconstruida.

> *…el primer cielo y la primera tierra pasaron, y el mar ya no existía más. Apocalipsis 21:1 RVR1960*

2- El mar dejó de existir (como leímos en el texto).

Esto pudiera verse como algo triste, pero no es así.

En la mente de Juan que recibe el Apocalipsis desterrado en la isla de Patmos, rodeado de mar, el mar que destruye barcos y separa familias parecería algo negativo.

Charles Spurgeon dice:

> *Para Juan en Patmos, las aguas profundas eran como los muros de una prisión, que lo apartaban de sus hermanos y de su trabajo; no habrá tales barreras en el mundo venidero.*[22]

Yo creo que a pesar del colorido de la literatura apocalíptica, los eventos y acontecimientos son literales. Sin embargo, para entender bien el texto debemos tener en mente la conexión entre la narración de la creación en Génesis y la recreación de los Cielos Nuevos y Tierra Nueva en el Apocalipsis.

En Génesis, las aguas cubrían toda la tierra y Dios hizo que apareciera lo seco.

> *Dijo también Dios: Júntense las aguas que están debajo de los cielos en un lugar, y descúbrase lo seco. Y fue así. Y llamó Dios a lo seco Tierra, y a la reunión de las aguas llamó Mares. Y vio Dios que era bueno. Génesis 1:9,10 RVR1960*

Dios puede hacer que la Nueva Tierra aparezca de donde ahora hay mares, pero ¿significa esto la erradicación total del mar?

Ezequiel, en su visión de la *Nueva Jerusalén*, nos habla de las aguas que fluyen del templo y el lenguaje es paralelo a la descripción del río que vemos en Apocalipsis 22.

> *Ezequiel 47:3—9,12 RVR1960*
>
> *3 Y salió el varón hacia el oriente, llevando un cordel en su mano; y midió mil codos, y me hizo pasar por las aguas hasta los tobillos.*
> *4 Midió otros mil, y me hizo pasar por las aguas hasta las rodillas. Midió luego otros mil, y me hizo pasar por las aguas hasta los lomos.*
> *5 Midió otros mil, y era ya un río que yo no podía pasar, porque las aguas habían crecido de manera que el río no se podía pasar sino a nado.*
> *6 Y me dijo: ¿Has visto, hijo de hombre? Después me llevó, y me hizo volver por la ribera del río.*
> *7 Y volviendo yo, vi que en la ribera del río había muchísimos árboles a uno y otro lado.*
> *8 Y me dijo: Estas aguas salen a la región del oriente, y descenderán al Arabá, y entrarán en el mar; y entradas en el mar, recibirán sanidad las aguas.*
> *9 Y toda alma viviente que nadare por dondequiera que entraren estos dos ríos, vivirá; y habrá muchísimos peces por haber entrado allá estas aguas, y recibirán sanidad; y vivirá todo lo que entrare en este río.*
> *12 Y junto al río, en la ribera, a uno y otro lado, crecerá toda clase de árboles frutales; sus hojas nunca caerán, ni faltará*

> *su fruto. A su tiempo madurará, porque sus aguas salen del santuario; y su fruto será para comer, y su hoja para medicina.*

Ezequiel dice: «en la ribera del río había muchísimos árboles a uno y otro lado» (v.7). Luego dice: «Estas aguas salen a la región del oriente, y descenderán al Arabá, y entrarán en el mar; y entradas en el mar, recibirán sanidad las aguas» (v.8) y también dice: «árboles frutales; sus hojas nunca caerán, ni faltará su fruto. A su tiempo madurará, porque sus aguas salen del santuario; y su fruto será para comer, y su hoja para medicina» (v.12).

Estos elementos los vemos en Apocalipsis 22.

> *Después me mostró un río limpio de agua de vida, resplandeciente como cristal, que salía del trono de Dios y del Cordero. En medio de la calle de la ciudad, y a uno y otro lado del río, estaba el árbol de la vida, que produce doce frutos, dando cada mes su fruto; y las hojas del árbol eran para la sanidad de las naciones. Apocalipsis 22:1,2 RVR1960*

Note algunas cosas importantes.

Primero, la mención de un río cuyas aguas entrarán en el mar por lo cual el mar recibirá sanidad.

Segundo, el fruto de los árboles será para medicina (en la *Nueva Jerusalén* no habrá enfermedad), pero el fruto sanará el mar según Ezequiel.

Tercero, dice Ezequiel que «habrá muchísimos peces por haber entrado allá estas aguas, y recibirán sanidad».

¿Estará hablando del proceso por medio del cual todo el daño de contaminación que hay en el mar de la creación presente, será sanado?

¿Y la abundancia de peces?

¿Cuánta agua se necesita para que haya abundancia de peces?

¿Será que la abundancia de agua creará nuevos gigantes lagos, o mares de agua dulce?

Entonces, no debemos entristecernos pensando que al Apocalipsis 21:1 decir «el mar ya no existía más» esto signifique ausencia de aguas. La Nueva Tierra tendrá mucha agua y muy profundas como vimos al principio de la visión de Ezequiel.

3- No hay templo.

Dice el texto: «Y no vi en ella templo; porque el Señor Dios Todopoderoso es el templo de ella, y el Cordero». (Apocalipsis 21:22)

El Templo, en la religión judía, siempre significó «el lugar donde Dios se encuentra con el hombre».

Vemos primero el tabernáculo que Dios ordenó a Moisés construir, y luego el templo de Salomón –el cuál fue edificado, luego destruido, luego reedificado (que es el templo de Herodes o segundo templo), y luego destruido en el año 70 d.C. al fin de la era judía según lo había profetizado Daniel. Hablo en detalles de esto en el libro de Escatología: La Doctrina del Futuro (ya mencionado antes).

En la *Nueva Jerusalén* no existe templo porque Dios es el templo, «…el Señor Dios Todopoderoso es el templo de ella».

4- Dios habitará con nosotros.

Dice el texto: «He aquí el tabernáculo de Dios con los hombres, y él morará con ellos; y ellos serán su pueblo, y Dios mismo estará con ellos como su Dios». (Apocalipsis 21:3).

Esto se conjuga con el punto anterior donde notamos que en la Santa Ciudad no habrá templo. O por decirlo así, tabernáculo.

Dios mismo habitará la ciudad.

5- Dentro de la ciudad está el Edén o el paraíso de Dios.

Después me mostró un río limpio de agua de vida, resplandeciente como cristal, que salía del trono de Dios y del Cordero. En medio de la calle de la ciudad, y a uno y otro lado del río, estaba el árbol de la vida, que produce doce frutos, dando cada mes su fruto; y las hojas del árbol eran para la sanidad de las naciones. Apocalipsis 22:1,2 RVR1960

Sobre este punto ya he hablado en capítulos anteriores, pero es necesario recalcarlo como característica. Como he dicho antes, y ha sido el tema central de este libro, será una ciudad jardín.

6- El fin de la historia de la humanidad en la creación presente.

Cielos Nuevos y Tierra Nueva con la *Nueva Jerusalén*, representa el fin de la creación presente y el principio del estado eterno.

Ya hablé antes, en otro capítulo, sobre el estado intermedio —donde estarás si mueres hoy y hasta la resurrección.

Al ocurrir la resurrección —en la Segunda Venida de Cristo— Dios hará «nuevas todas las cosas» (Apocalipsis 21:5). Tendremos Cielos Nuevos y Tierra Nueva donde habitaremos para siempre.

Dios es el Alfa y la Omega, el principio y el fin, vemos ahí en el texto.

Y me dijo: Hecho está. Yo soy el Alfa y la Omega, el principio y el fin. Apocalipsis 21:6 RVR1960

7- En la Nueva Jerusalén, vemos recursos, oro, piedras preciosas, etc… como lo vimos en el primer Edén.

Otra vez, y como lo dije al principio del libro, la materia prima que Dios puso en manos del hombre al principio (en el primer Edén) para que este desarrollara civilización y diseño, ahora la vemos en la arquitectura de la *Nueva Jerusalén*. Esta, diseñada toda por Dios.

> *El material de su muro era de jaspe; pero la ciudad era de oro puro, semejante al vidrio limpio; y los cimientos del muro de la ciudad estaban adornados con toda piedra preciosa. El primer cimiento era jaspe; el segundo, zafiro; el tercero, ágata; el cuarto, esmeralda; el quinto, ónice; el sexto, cornalina; el séptimo, crisólito; el octavo, berilo; el noveno, topacio; el décimo, crisopraso; el undécimo, jacinto; el duodécimo, amatista. Las doce puertas eran doce perlas; cada una de las puertas era una perla. Y la calle de la ciudad era de oro puro, transparente como vidrio. Apocalipsis 21:18—21 RVR1960*

Por supuesto, podemos esperar que el resto de la Nueva Tierra tendrá recursos, de la misma manera que Dios puso metales, piedras y madera en toda la tierra en que vivimos hoy.

Ya hablé del trabajo y labor del hombre en la Nueva Tierra—ahora sin las limitaciones de los daños del pecado que tenía en la primera tierra por causa de la desobediencia, pero de la manera en que Dios lo diseñó para que fuera desde el principio.

8- La ciudad es enorme.

> *El que hablaba conmigo tenía una caña de medir, de oro, para medir la ciudad, sus puertas y su muro. La ciudad se halla establecida en cuadro, y su longitud es igual a su anchura; y él midió la ciudad con la caña, doce mil estadios; la longitud, la altura y la anchura de ella son iguales. Apocalipsis 21:15,16 RVR1960*

Ahí están las medidas.

La *Nueva Jerusalén* es un cubo gigantesco que tiene la misma longitud, anchura y altura.

En medidas modernas, doce mil estadios sería el equivalente a 1,500 millas (1 estadio = 0.125 millas[23]), que convertido a la medida que usamos para distancias en Latinoamérica, sería aproximadamente 2,414 kilómetros[24].

La distancia por carretera entre San Diego, California y Miami, Florida (que están a ambos extremos del país de EE.UU. es de aproximadamente 3,000 millas. Entonces, la longitud de la *Nueva Jerusalén* es de aproximadamente la mitad de los Estados Unidos, o una distancia como de la costa Oeste de California hasta la ciudad de Oklahoma. Luego, la anchura es del mismo tamaño y también la altura.

Es decir que la altura está muy por encima de la estratósfera.

La estratósfera, que es una de las capas de la atmósfera terrestre y se encuentra entre los 10 km y los 50 km de altitud aproximadamente[25].

Los aviones grandes vuelan a una altura de aproximadamente 36,000 pies de altura, lo que equivale a 10.97 kilómetros (1 pie = 0.0003048 kilómetros)[26].

¿Ha alguna vez usted mirado por la ventanilla del avión para abajo? ¿Ha visto lo pequeño que se ven las cosas a sólo 10 km de altura?

Ahora, imagínese como se verían desde 2,414 kilómetros de altura.

Sería como ver la tierra desde el espacio. Muy por encima de la línea de Kármán, la cual está a 100 kilómetros de altura[27].

Estarías aproximadamente 24 veces a más altura que la distancia donde termina la atmósfera terrestre y comienza el espacio.

En pocas palabras. Ya que haya descendido, la parte de abajo de la *Nueva Jerusalén* estará en tierra y la parte de arriba muy dentro del espacio.

¿Cabrán dentro de la *Nueva Jerusalén* todos los que han sido salvos durante toda la historia?

Claro que sí. Ya se han realizado los cálculos.

Si la *Nueva Jerusalén* estuviera abarrotada y cada persona salvada tuviera sólo 100 pies cuadrados de espacio en el suelo, habría espacio para 39 mil millones de personas en la ciudad, que es muchas veces la población actual del mundo[28].

Aunque como he dicho antes, no todos habitaremos en la *Nueva Jerusalén*. Recuerde que habrá toda una Nueva Tierra.

Y tristemente, sabemos que no toda la población mundial será salva. El número de salvos, sabemos que es mucho menor.

¿Puede usted imaginarse el tamaño de la eterna ciudad?

Será glorioso.

9- *No habrá ni enfermedad ni sufrimiento por toda la eternidad.*

> *Enjugará Dios toda lágrima de los ojos de ellos; y ya no habrá muerte, ni habrá más llanto, ni clamor, ni dolor; porque las primeras cosas pasaron. Apocalipsis 21:4 RVR1960*

En la nueva creación, viviremos libres de todas las angustias, dolores y enfermedades que padecemos en esta tierra hoy y no habrá mas muerte.

10- *Veremos de nuevo a nuestros familiares que murieron en Cristo.*

Cuando Jesús resucitó y se apareció a sus discípulos, ellos lo reconocieron (Mateo 28:9,17; Juan 20:19,20). También, cuando Jesús llevó a Pedro, Jacobo y Juan al monte de la transfiguración Moisés y Elías se les aparecieron y eran reconocibles.

> *Seis días después, Jesús tomó a Pedro, a Jacobo y a Juan su hermano, y los llevó aparte a un monte alto; y se transfiguró delante de ellos, y resplandeció su rostro como el sol, y sus vestidos se hicieron blancos como la luz. Y he aquí les aparecieron Moisés y Elías, hablando con él. Mateo 17:1—3 RVR1960*

Jesús dijo en una ocasión que muchos se sentarán a la mesa con Abraham e Isaac y Jacob.

> *Y os digo que vendrán muchos del oriente y del*

> *occidente, y se sentarán con Abraham e Isaac y Jacob*
> *en el reino de los cielos… Mateo 8:11 RVR1960*

Por estos pasajes nos damos cuenta que las personas en el cielo son reconocibles. No sólo conoceremos a los patriarcas, profetas y héroes de la fe. También a nuestros seres queridos.

En el cielo (sea en el estado intermedio o en el estado eterno) todo tendrá más claridad, y reconoceremos como fuimos conocidos.

Pablo dice:

> *Ahora vemos por espejo, oscuramente; mas entonces veremos cara a cara. Ahora conozco en parte; pero entonces conoceré como fui conocido. 1 Corintios 13:12 RVR1960*

En el Antiguo Testamento los textos dicen que cuando una persona muere es reunida con sus antepasados.

> *…y murió en buena vejez, luego de una vida larga y satisfactoria. Dio su último suspiro y se reunió con sus antepasados al morir. Génesis 25:8 NTV*

> *Después dio su último suspiro y murió en buena vejez, y se reunió con sus antepasados al morir. Y lo enterraron sus hijos Esaú y Jacob. Génesis 35:29 NTV*

> *Entonces Jacob les dio las siguientes instrucciones: «Yo moriré pronto y me uniré con mis antepasados. Génesis 49:29 NTV*

> *Ha llegado el momento en que Aarón se reúna con sus antepasados al morir. Números 20:24 NTV*

> *Y toda aquella generación también fue reunida a sus padres. Jueces 2:10 RVR1960*

David, refiriéndose al hijo (fruto de su relación con Betsabé) que había perdido dice:

> *Mas ahora que ha muerto, ¿para qué he de ayunar? ¿Podré yo hacerle volver? Yo voy a él, mas él no volverá a mí.* 2 Samuel 12:23 RVR1960

Entonces, es claro que en la eternidad seremos reunidos con nuestros seres queridos.

11- Nuestras mascotas y otros animales también estarán ahí.

Pablo en Romanos nos dice que «la creación misma será libertada de la esclavitud de corrupción» (Romanos 8:21).

¿Qué incluye la creación?

Usted lee en el Génesis que Dios creó la tierra, ríos, árboles, animales y humanos.

Los animales son parte de la creación, y toda la creación será restaurada.

En la nueva tierra, veremos ríos, árboles, animales y seres humanos —todo en una mayor gloria, ya que la mancha y el daño que causó el pecado fueron quitados.

Es cierto que los animales no pecaron, y no necesitan ser renovados espiritualmente como el hombre. Sin embargo, por la desobediencia del hombre, toda la creación fue afectada y sufre.

> *Porque sabemos que toda la creación gime a una, y a una está con dolores de parto hasta ahora…* Romanos 8:22 RVR1960

Pero, como he dicho anteriormente, toda la creación será libertada (Romanos 8:21).

Dice la Biblia: «Y verá toda carne la salvación de Dios» (Lucas 3:6).

La palabra «carne» en el griego es sárx (σάρξ) y significa carne animal o humana[29].

En Salmos 36:6 el texto dice: «Tú preservas, oh Señor, al hombre y al animal». La palabra «preservas» en la Biblia en Inglés ESV se traduce «save». Entonces, se puede leer: «Tú salvas, oh Señor al hombre y al animal».

Por supuesto que los animales no tienen que arrepentirse y nacer de nuevo, pues ellos no pecaron (como dije antes). Sin embargo, serán salvos (rescatados) de la misma manera que el resto de la creación —toda fauna y toda vegetación.

Cuando Jesús dijo: «yo hago nuevas todas las cosas», se está refiriendo a todo lo que se perdió del primer Edén.

¿Qué había en el primer Edén?

Hombre y mujer, ríos, vegetación, animales, metales y piedras preciosas.

Todo será restaurado.

> *En aquel tiempo haré para ti pacto con las bestias del campo, con las aves del cielo y con las serpientes de la tierra; y quitaré de la tierra arco y espada y guerra, y te haré dormir segura. Oseas 2:18 RVR1960*

Veamos algunas referencias de animales en la nueva tierra.

> *Morará el lobo con el cordero, y el leopardo con el cabrito se acostará; el becerro y el león y la bestia doméstica andarán juntos, y un niño los pastoreará. La vaca y la osa pacerán, sus crías se echarán juntas; y el león como el buey comerá paja. Isaías 11:6,7 RVR1960*

> *Porque he aquí que yo crearé nuevos cielos y nueva tierra; y de lo primero no habrá memoria, ni más vendrá al pensamiento. Edificarán casas, y morarán en ellas; plantarán viñas, y comerán el fruto de ellas. No trabajarán en vano, ni darán a luz para maldición; porque son linaje de los benditos de Jehová, y sus descendientes con ellos. El lobo y el cordero serán apacentados juntos, y el león comerá paja como el buey; y el polvo será el*

> *alimento de la serpiente. No afligirán, ni harán mal en todo mi santo monte, dijo Jehová. Isaías 65:17, 21, 23, 25 RVR1960*

Algunos premilenialistas[30], dicen que estos textos de Isaías que he mencionado se refieren al milenio. Esto es un error. Para empezar, esta porción de Isaías 65 comienza con la frase: «he aquí que yo crearé nuevos cielos y nueva tierra». El texto está claramente hablando del estado eterno.

Ellos ven el milenio como un reino físico con sede en la Jerusalén actual, que ocurre después de la Segunda Venida de Cristo, lo cual es también un error.

El reinado milenial de Cristo ocurre antes de la Segunda Venida.

Es decir, que el reino comenzó en la primera venida de Cristo y concluye en la Segunda Venida cuando todos los enemigos son puestos debajo de sus pies.

> *Porque preciso es que él reine hasta que haya puesto a todos sus enemigos debajo de sus pies. 1 Corintios 15:25 RVR1960*

Evidentemente la frase «mil años» en la literatura apocalíptica significa «largo período» y no mil años literales.

En este libro mi objetivo no es hablar sobre el milenio. Todo lo referente a ese período lo enseño detalladamente en mi libro *Escatología: La Doctrina del Futuro*.

Mi objetivo con lo que he dicho antes es dejar establecido que los textos mencionados de Isaías se están refiriendo a la vida en los cielos nuevos y tierra nueva —nuestro futuro hogar.

El profeta Ezequiel nos entrega una descripción de la *Nueva Jerusalén* en la que menciona peces y otros elementos que veremos en ella. Esto es paralelo a la descripción de Juan. Veamos lo que dicen ambos.

> *Y salió el varón hacia el oriente, llevando un cordel en su mano; y*

midió mil codos, y me hizo pasar por las aguas hasta los tobillos. Midió otros mil, y me hizo pasar por las aguas hasta las rodillas. Midió luego otros mil, y me hizo pasar por las aguas hasta los lomos. Midió otros mil, y era ya un río que yo no podía pasar, porque las aguas habían crecido de manera que el río no se podía pasar sino a nado. Y me dijo: ¿Has visto, hijo de hombre? Después me llevó, y me hizo volver por la ribera del río. Y volviendo yo, vi que en la ribera del río había muchísimos árboles a uno y otro lado. Y me dijo: Estas aguas salen a la región del oriente, y descenderán al Arabá, y entrarán en el mar; y entradas en el mar, recibirán sanidad las aguas. Y toda alma viviente que nadare por dondequiera que entraren estos dos ríos, vivirá; y habrá muchísimos peces por haber entrado allá estas aguas, y recibirán sanidad; y vivirá todo lo que entrare en este río. Y junto al río, en la ribera, a uno y otro lado, crecerá toda clase de árboles frutales; sus hojas nunca caerán, ni faltará su fruto. A su tiempo madurará, porque sus aguas salen del santuario; y su fruto será para comer, y su hoja para medicina. Ezequiel 47:3-9, 12 RVR1960

Y yo Juan vi la santa ciudad, la nueva Jerusalén, descender del cielo, de Dios, dispuesta como una esposa ataviada para su marido. Y el que estaba sentado en el trono dijo: He aquí, yo hago nuevas todas las cosas. Y me dijo: Escribe; porque estas palabras son fieles y verdaderas. Después me mostró un río limpio de agua de vida, resplandeciente como cristal, que salía del trono de Dios y del Cordero. En medio de la calle de la ciudad, y a uno y otro lado del río, estaba el árbol de la vida, que produce doce frutos, dando cada mes su fruto; y las hojas del árbol eran para la sanidad de las naciones. Apocalipsis 21:2,5; 22:1-2 RVR1960

Entonces, amado lector, sí, nuestras mascotas estarán con nosotros en la futura nueva tierra.

Son parte de la creación. Dios creó «animales domesticados según sus especies» (Génesis 7:14), y toda la creación será restaurada.

> *Y oí a toda criatura que está en el cielo y sobre la tierra y debajo de la tierra y en el mar, y a todas las cosas que hay en ellos, diciendo: "Al que está sentado en el trono y al Cordero sean la bendición y la honra y la gloria y el poder por los siglos de los siglos". Apocalipsis 5:13 RVA-2015*

12- Trabajaremos, y el trabajo será un deleite.

Ya he hablado bastante sobre la teología del trabajo en este libro.

En la nueva tierra, trabajaremos, y el trabajo será un deleite.

> *Porque he aquí que yo crearé nuevos cielos y nueva tierra; y de lo primero no habrá memoria, ni más vendrá al pensamiento. Edificarán casas, y morarán en ellas; plantarán viñas, y comerán el fruto de ellas. No edificarán para que otro habite, ni plantarán para que otro coma; porque según los días de los árboles serán los días de mi pueblo, y mis escogidos disfrutarán la obra de sus manos. No trabajarán en vano, ni darán a luz para maldición; porque son linaje de los benditos de Jehová, y sus descendientes con ellos. Isaías 65:17,21—23 RVR1960*

Así es. Edificaremos casas, plantaremos viñas, y disfrutaremos la obra de nuestras manos.

13- Comeremos alimentos y del fruto de nuestra labor.

Esto va ligado al punto anterior.

Dice Isaías: «plantarán viñas, y comerán el fruto de ellas» (Isaías 65:21)

Ezequiel habla de peces y pescadores.

> *Y toda alma viviente que nadare por dondequiera que entraren estos dos ríos, vivirá; y habrá muchísimos peces por haber entrado allá estas aguas, y recibirán sanidad; y vivirá todo lo que entrare en este río. Y junto a él estarán los pescadores, y desde En-gadi hasta En-eglaim será su tendedero de*

> *redes; y por sus especies serán los peces tan numerosos como los peces del Mar Grande. Ezequiel 47:9,10 RVR1960*

Es posible que estos peces no sean para alimento, pues los textos nos dicen que ya no habrá más muerte.

De hecho, los animales serán vegetarianos. El león como el buey comerá paja.

> *La vaca y la osa pacerán, sus crías se echarán juntas; y el león como el buey comerá paja. Isaías 11:7 RVR1960*

En el primer Edén Dios le dio al hombre la responsabilidad de labrar el huerto y comer de sus frutas, y en el jardín futuro vemos la mención de árboles y frutas. Otra vez vemos clara la idea del Edén completamente restaurado.

14- El arquitecto y constructor de la ciudad eterna es Dios.

Estas palabras continuaron sonando en los oídos de mi mente, días después que ya había terminado este libro. Me causó inquietud y en una vista detallada del texto pude darme cuenta de algo muy emocionante e increíble.

Veamos primero el texto.

> *Por la fe habitó [Abraham] como extranjero en la tierra prometida como en tierra ajena, morando en tiendas con Isaac y Jacob, coherederos de la misma promesa; porque esperaba la ciudad que tiene fundamentos, cuyo arquitecto y constructor es Dios. Hebreos 11:9,10 RVR1960*

El libro de Hebreos, cuando nos habla de los héroes de la fe, nos dice que «murieron todos estos sin haber recibido lo prometido» porque «anhelaban una [patria] mejor, esto es, celestial… porque [Dios] les ha preparado una ciudad» (Hebreos 11:13—16).

Es decir, que estos no recibieron la tierra que anhelaban porque Dios les ha preparado una mejor.

Es muy interesante que la palabra «constructor» en el versículo 10, en el griego es «demiourgós» (δημιουργός)[31] que significa «artesano» (alguien que hace cosas con las manos).

Esto es muy diferente a lo que vemos en el Génesis, donde Dios hizo la creación de la nada. «Y dijo Dios», y cada cosa fue creada por el poder de sus palabras.

En el caso de la *Nueva Jerusalén*, Dios como un Artesano, tomó materia prima (que ya había creado antes), oro, piedras preciosas… elementos que vemos en el primer Edén, y Él mismo con sus manos la construyó.

La *Nueva Jerusalén*, es la obra maestra. Es la belleza de toda arquitectura.

Dios la diseñó. Él es el arquitecto y constructor de la eterna ciudad.

15- *Nuestra estancia es para siempre.*

El estado eterno ha sido prometido por Dios y es parte esencial de la buena noticia.

> *El que cree en el Hijo tiene **vida eterna**… Juan 3:36 RVR1960*
>
> *De cierto, de cierto os digo: El que oye mi palabra, y cree al que me envió, tiene **vida eterna**… Juan 5:24 RVR1960*
>
> *De cierto, de cierto os digo: El que cree en mí, tiene **vida eterna**. Juan 6:47 RVR1960*

¿Y dónde viviremos esa vida eterna?

En la Nueva Tierra. Una vez que la *Nueva Jerusalén* haya descendido del cielo de Dios (Apocalipsis 21:2).

Dios morará con nosotros. Él estará con nosotros para siempre.

> *Y oí una gran voz del cielo que decía: He aquí el tabernáculo de Dios con los hombres, y él morará con*

ellos; y ellos serán su pueblo, y Dios mismo estará con ellos como su Dios. Apocalipsis 21:3 RVR1960

14

TU LUGAR EN EL UNIVERSO

Tu, como ser humano, has estado en el plan de Dios desde el principio.

Todo estaría muy bien si no hubiera sido por nuestro antepasado Adán.

En su desobediencia, tú y yo fuimos incluidos.

Morimos con Adán. Pero somos vivificados en Cristo.

> *Porque así como en Adán todos mueren, también en Cristo todos serán vivificados. 1 Corintios 15:22 RVR1960*

Si tu ya eres un hijo de Dios, estás consciente de esa realidad.

Mi oración es que todo lo que has leído en este libro, añada esperanza, certeza y convicción sobre lo que nos espera en la eternidad con Dios.

Ahora es tiempo para regocijarnos y agradecer al Señor por esta salvación tan grande.

Si todavía no estás seguro o segura de tu salvación, o dónde vas a pasar la vida eterna, entonces te pido prestes atención a estas próximas palabras.

La salvación (la promesa de vida eterna con Dios) es algo que no podemos ganarnos con nuestro comportamiento u obediencia.

Nuestra obediencia, nunca será lo suficiente para satisfacer la demanda del pecado.

La paga del pecado es muerte (Romanos 6:23).

Sin derramamiento de sangre, no hay redención (Hebreos 9:22).

Por eso en el antiguo pacto, el sacerdote ofrecía sacrificios cada año. Estos sacrificios eran símbolos del perfecto sacrificio de Cristo.

Aquellos no podían limpiar la conciencia permanentemente (Hebreos 9:9).

Pero al venir Cristo, el Cordero de Dios y morir en la cruz en sacrificio perfecto (pues no había defecto en Cristo), esa sangre que derramó, nos limpia de todo pecado.

> ...la sangre de Jesucristo su Hijo nos limpia de todo pecado. 1 Juan 1:7 RVR1960

¿Cómo obtengo ese beneficio?

La Biblia dice que somos salvos por gracia por medio de la fe, no por esfuerzos humanos.

> *Porque por gracia sois salvos por medio de la fe; y esto no de vosotros, pues es don de Dios; no por obras, para que nadie se gloríe. Efesios 2:8,9 RVR1960*

Y la Biblia nos dice cómo recibir esa salvación.

> *...si confesares con tu boca que Jesús es el Señor, y creyeres en tu corazón que Dios le levantó de los muertos, serás salvo. Romanos 10:9 RVR1960*

Entonces, si está listo o lista, podemos orar.

Repite conmigo en voz alta.

> *Padre Santo, en este momento yo confieso con mi boca que Jesus es Señor y creo en mi corazón que tu Padre, le levantaste de los muertos para darme salvación.*

Yo recibo en este mismo instante el regalo de la vida eterna. Gracias Señor por salvarme hoy. En el nombre de Jesús. Amén.

Te felicito por haber hecho esta oración.

Hoy comienzas tu nueva vida en Cristo.

Anota la fecha y la hora aquí:_____

Te quiero regalar este libro que te va a ayudar a dar tus primeros pasos como un seguidor o una seguidora de Cristo.

Siga este enlace para descargarlo:

https://www.japerez.com/ahora

Notas:

1- The Significance of the City in the Bible (and God's Plan For It). BibleProject. https://youtu.be/5yZLFmVHfaw?si=MYD4RrP3w_k7P4Mc Publicado Julio 24, 2023 (Inglés).

2- Alberto Amancio Beltrán[1] (Palo Blanco, La Romana, 5 de mayo de 1923 - Connecticut, 2 de febrero de 1997) fue un cantante dominicano, conocido como "El Negrito del Batey", por su primera melodía característica. https://en.wikipedia.org/wiki/Alberto_Beltr%C3%A1n_(singer) (Capturado 6-27-2023)

3- El Negrito del Batey (letra). https://lyricstranslate.com/es/alberto-beltran-el-negrito-del-batey-lyrics.html (Capturado 6-27-2023)

4- Oxford Languages. Oxford University Press.

5- Historia de la Plata. https://surenosilver.com/blog/historia-de-la-plata-5 (Capturado 6-29-2023)

6- El bronce se forma con cobre y estaño. El cobre, de símbolo Cu, es un metal de número atómico 29. El estaño (símbolo Sn) es otro metal, en este caso de número atómico 50. En ocasiones al bronce se le añaden otros componentes, como zinc. https://definicion.de/bronce/ (Capturado 6-29-2023)

7- La introducción del bronce resultó significativa en cualquier civilización que lo halló, constituyendo la aleación mas innovadora en la historia tecnológica de la humanidad. https://www.quimica.es/enciclopedia/Bronce.html (Capturado 6-29-2023)

8- La Edad del Bronce, segunda de las tres etapas de la Edad de los Metales, se desarrolló del año 3300 a.C. al 1200 a.C. En este periodo se descubre la aleación de cobre y estaño y su metalurgia. https://historia.nationalgeographic.com.es/temas/edad-del-bronce (Capturado 6-29-2023)

9- Regla de primeras menciones. La primera mención de una cosa en la Biblia (una palabra, una frase, una doctrina, un término, etc.) define su uso a través del resto de la Escritura. J. Edwin Hartill, en su libro Principles of Biblical Hermeneutics, expresó este principio así: Dios indica en la primera mención de una cosa, la verdad conectada con esa cosa en la mente de Dios. El doctor A.T.

Pierson también notó este principio en la Biblia y dijo que la primera vez que una cosa se menciona en la Escritura, esta cosa tiene un significado que llevará a través del resto de la Biblia. Del libro Cómo Estudiar La Biblia por Greg Kedrovsky. https://www.blindworlds.com/publicacion/108688 (Capturado 6-30-2023)

10- Los atributos. Tomados del libro Teología Sistemática para Latinoamérica.

Pérez, JA; Teología Sistemática para Latinoamérica. December 3, 2021. Tisbita Publishing House. ISBN: 978-1947193345

11- Johannes Gutenberg. Encyclopaedia Britannica. https://www.britannica.com/technology/printing-press (Capturado 7-1-2023)

12- Vocation (n.) Online Etymology Dictionary. https://www.etymonline.com/word/vocation (Capturado 7-1-2023)

13- Strong hebreo #5647 דָבַע abád. https://www.logosklogos.com/strong_hebrew/5647 (Capturado 7-1-2023)

14- Real Academia Española. Cultivar. https://dle.rae.es/cultivar (Capturado 7-3-2023)

15- ¿Qué hace un taxónomo? Los taxónomos son biólogos especializados en identificar, describir, nombrar y agrupar a todos los seres vivos. https://www.sabermas.umich.mx/archivo/la-ciencia-en-pocas-palabras/540-numero-60/1058-que-hace-un-taxonomo.html (Capturado 7-3-2023)

16- Strong hebreo #6508 פַּרְדֵּס pardés. https://www.logosklogos.com/strong_hebrew/6508 (Capturado 7-7-2023)

17- Jardín de Justicia. Olam Ha-Ba: The Afterlife. https://www.jewfaq.org/olamhaba.htm (Capturado 7-7-2023)

18- End of Days. El judaísmo introdujo por primera vez la idea de un Dios todopoderoso que actúa en la historia, transformando la historia en un proceso controlado que conduce a un destino.

¿Cuál es el destino? El jardín del Edén. En otras palabras, al final de la historia volveremos espiritual y éticamente de donde venimos. https://aish.com/48925077/ (Capturado 7-7-2023)

19- Jean Delumeau (1995). History of paradise. University of Illinois Press. pp. 29–. ISBN: 978-0252068805

20- Pérez, JA; Escatología: La doctrina del futuro. December 7, 2021 Tisbita Publishing House. ISBN: 978-1947193451

21- Kopos. Κόπος. Trabajo intenso unido a problemas y fatigas. (Lexicon :: Strong's G2873 - kopos) https://www.blueletterbible.org/lexicon/g2873/ (Capturado 7-3-2023)

22- Spurgeon, Charles; Mañana y tarde. 19 de diciembre (tarde).

23- Estadios a millas. https://www.coolstuffshub.com/es/longitud/convertir/estadios-a-millas/ (Capturado 1-16-24)

24- Millas a kilómetros. Miconvertidor.com https://miconvertidor.com/longitud/milla/kil%C3%B3metro/1500 (Capturado 1-16-24)

25- ¿Qué es la estratosfera? https://www.clima.com/meteopedia/estratosfera (Capturado 1-16-24)

26- Convertidor de pies a kilómetros. https://www.coolstuffshub.com/es/longitud/convertir/pies-a-kil%C3%B3metros/ (Capturado 1-16-24)

27- La frontera invisible entre la atmósfera terrestre y el espacio es conocida como línea de Kármán y se encuentra a unos 100 kilómetros de altura sobre el nivel del mar. https://www.muyinteresante.es/ciencia/59652.html (Capturado 1-16-24)

28- ¿Puede la *Nueva Jerusalén* acomodar a todas las personas de todas las épocas? https://bibleask.org/es/puede-la-nueva-jerusalen-acomodar-a-todas-las-personas-de-todas-las-epocas/ (Capturado 1-16-24)

29- Strong griego #4561 σάρξ sárx.
Definición: carne (como despojada de la piel), es decir (estrictamente) la carne de un animal (como alimento), o (por extens.) el cuerpo (como opuesto al alma [o espíritu], o como símbolo de lo que es externo, o como el medio del parentesco), o (por implicación) naturaleza humana (con sus debilidades [fís. o moralmente] y pasiones), o (específicamente) un ser humano (como tal). https://www.logosklogos.com/strongcodes/4561 (Capturado 1-19-24)

30- Premilenialismo. El premilenialismo dispensacional ofrece la cronología más compleja de los últimos tiempos. Argumenta que la era de la iglesia actual terminará con el rapto de la iglesia (véase 1 Tesalonicenses 4:15,17), que, junto con la aparición del Anticristo, marca el comienzo de la gran tribulación de siete años en la tierra. PD también cree que Dios tiene un lugar tanto para el Israel nacional (Romanos 11:28,29) como para la iglesia ("Israel fiel"; Apocalipsis 7:4). PD declara que, durante la era actual, los judíos deben aceptar a Jesús como su Salvador antes de que Jesús pueda regresar en gloria para establecer su reino milenial. Luego, durante el Milenio, Cristo se sentará en el trono de David y gobernará el mundo desde Jerusalén; A Israel se le dará nuevamente el lugar de honor entre las naciones, y el templo será reconstruido con los sacrificios del templo reinstituidos como sacrificios conmemorativos. La forma dispensacional moderna del premilenialismo tiene sus raíces en la década de 1830 con John Nelson Darby (1800-1882), la popularización de la Biblia de referencia Scofield y, a nivel académico, con la Teología sistemática de ocho volúmenes de Lewis Sherry Chafer (inglés). https://www.christianity.com/wiki/end-times/what-is-premillennialism.html (Capturado Mayo 1, 2021).

31- Strong griego #1217 δημιουργός demiourgós. https://www.logosklogos.com/strongcodes/1217 (Capturado 1-27-2024)

RECURSOS
TEOLOGÍA

TEOLOGÍA SISTEMÁTICA PARA LATINOAMÉRICA

Estos libros contienen todo el texto de *Teología Sistemática para Latinoamérica* además de ejercicios / cuestionarios y espacios para notas, para ser usados en estudios de grupos, clases de instituto bíblico, seminario o cualquier otro formato donde se equipen ministros y líderes para la obra de ministerio o creyentes en general que quieren crecer en el conocimiento de Dios.

Bibliología: La doctrina de la Palabra de Dios

Paterología: La doctrina de Dios Padre

Cristología: La doctrina de Cristo

Pneumatología: La doctrina del Espíritu Santo

Antropología: La doctrina del Hombre

Hamartiología: La doctrina del Pecado

Soteriología: La doctrina de la Redención

Eclesiología: La doctrina de la Iglesia

Origen: La doctrina de la Creación

Angelología: La doctrina de los Ángeles

Escatología: La doctrina del futuro

Libro principal

Todos los libros manuales de esta serie provienen del libro: *Teología Sistemática para Latinoamérica.*

Este contiene todo el texto y es un valioso libro de referencias y consultas que todo estudiante serio de teología debe tener en su biblioteca.

780 páginas

Publicado por: *Tisbita Publishing House.*

Para información sobre tiendas donde puede obtenerlo puede ir a:

https://japerez.com/teologia

CURSOS DE TEOLOGÍA

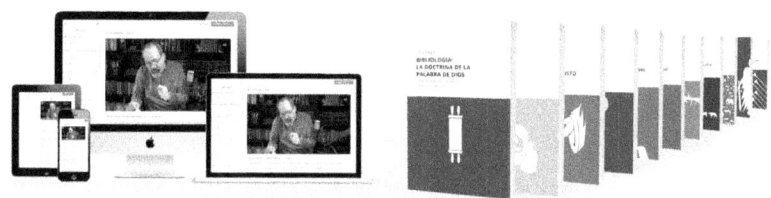

Teología al alcance de todos

La Teología (el estudio de Dios) debe ser estudiada no solo por el ministro ordenado o el aspirante al ministerio cristiano, sino por todo creyente.

Todos debemos conocer mejor a Dios, por lo tanto, hemos puesto estos cursos de teología sistemática al alcance de todos.

¿Cómo funciona?

Cada curso presenta lecciones en video y texto, el manual de curso, ejercicios y un examen final. Una vez completado, el estudiante recibe el Certificado de Completación de ese curso.

Todo dentro de una comunidad, donde usted puede hacer preguntas, compartir ideas y relacionarse con otros estudiantes.

Estos cursos son certificados por el *Instituto JA Pérez para Estudios Avanzados™* bajo el consejo de la *Facultad de Teología Latinoamericana*. Nuestro programa de cursos responde a la necesidad de equipar creyentes, líderes, ministros continentales y aspirantes al ministerio con sólida enseñanza de manera que estos puedan influir a sus mundos con el mensaje de la buena noticia.

Más información en:
https://www.japerez.com/teologia

OTROS LIBROS

VIDA ABUNDANTE

Crecimiento espiritual | Teología | Principios de vida | Relaciones

Serie *Venciendo la ansiedad*

En esta serie comparto mis luchas, retos y estragos. También las verdades que me han llevado de la ansiedad a una vida de paz y contentamiento.

Profecía bíblica

Ficción

Finanzas personales

MINISTERIO | LIDERAZGO

Ministerio | Crecimiento de la iglesia | Evangelismo | Misiones
Discipulado | Estudio de grupos | Empresa

Evangelismo, discipulado y misiones

Desarrollo de proyectos

Desarrollo de líderes

Inspiración y creatividad

Crecimiento de la iglesia

CLÁSICOS

Vida cristiana | Familia | Relaciones

ENGLISH
Collaboration

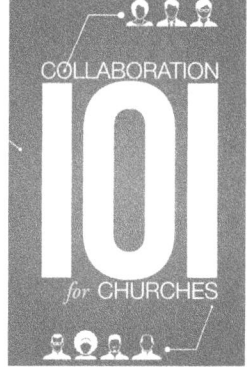

Dr. JA Pérez es escritor, misionero y precursor de movimientos de cosecha en América Latina.

Sus concentraciones masivas han atraido grandes multitudes durante años.

Con una trayectoria ministerial de más de cuatro décadas y varios libros publicados, sus esfuerzos hoy alcanzan a millones de vidas en todo el continente.

Su trabajo ha recibido menciones en cadenas internacionales como *CBN*, el *Club 700* y decenas de televisoras y periódicos en Centro y Sur América. En el año 2019 le fue otorgado el premio *John Wesley* (John Wesley Award) de la *Asociación Luis Palau* por su labor y liderazgo en el evangelismo mundial.

Ha equipado a miles de líderes y ministros para la obra del ministerio.

Él, su esposa y sus tres hijos viven en un suburbio de San Diego en California.

Sitio y redes sociales
japerez.com
youtube.com/@*por*JAPerez
facebook.com/*por*JAPerez

www.ingramcontent.com/pod-product-compliance
Lightning Source LLC
LaVergne TN
LVHW020935090426
835512LV00020B/3376